U0917249

天喜文化

从声音到文字，分享人类智慧

每天進步一点
蔡瀾

生活，就是要用手摸摸这棵树。生活，就是要铺一块布，坐在草地上面野餐。

我走近这一座迷人的建筑，在白色云石铺的庭院中躺下，身体感到一阵凉意，抬头望着那迷人洋葱形的塔顶。

去看世界的热闹

[illegible] 著

天地出版社 | TIANDI PRESS

出版说明

蔡澜先生是知名的作家、美食家、电影人、主持人，博学多才，其文学作品充分体现了他自在悠闲、随意有趣的生活态度。

本次出版的系列图书，精选了蔡澜先生259篇经典作品，分为三册，从多个侧面展现了他真实、丰富而精彩的人生。其中，《人生唯有美食不可辜负》70篇，是关于吃的哲学，食在八方，畅言天下美食；《去看世界的热闹》118篇，讲述游走于世界各地，一路所见的人、事、物；《何妨慢生活》71篇，则是支招在快节奏的生活中如何张弛有度，放慢脚步，观照内心，提升幸福感。蔡澜先生以质朴简洁、幽默机趣的语言娓娓道来，向读者传递了积极豁达、随心自在的处世智慧。

由于蔡澜先生主要生活在新加坡和中国香港，他的作品中存在不少英语、粤语词汇以及他特有的习惯用法。编辑在加工处理时，英语部分，人名、地名等已基本改为现在通行的译名；粤语词汇等则以脚注形式进行注释，尽量保留作者原本的行文用字，以呈现原汁原味的作品，使读者能够欣赏到生动精妙而率真的蔡澜式散文。

目　录

CONTENTS

第一章　风景在路上

第二章 边走边吃

第三章 带来风景的人

第四章 好玩人生

第一章

风景在路上

旅行是与友人消遣最好的时间，在雨天。加尔各答的街头，雨水冲掉所有不想见的东西。马路是那么光鲜，建筑物的格调，原来是那么高的。

香格里拉

邵逸夫爵士邀请，一群五十人，浩浩荡荡到云南中甸[1]、丽江、大理和贵州贵阳玩几天。

每次到内地，邵爵士的捐款都是亿亿声，待遇当然是第一流的，拉着车边跟他老人家去，一定错不了。

包了架中型喷气式飞机，两小时后抵昆明，停一停载数位老朋友，再飞中甸。

中甸是什么地方？相信还有些读者没听过，“香格里拉”却如雷贯耳吧？一下飞机，看到中甸的迪庆机场，就叫香格里拉。

尽管名字是后来才安上去的。此地四周雪山环绕，中间是一片片的草原，被河流分割为八块，象征八瓣莲花铺地。除景色之

① 中甸：旧县名，今为香格里拉市。——编者注

外，佛教、道教、儒教、伊斯兰教，甚至于天主教、基督教，都和平自由共存，精神上的香格里拉意思多过实际的香格里拉。

一大队的藏族舞蹈团欢迎，载歌载舞，另外有数百名小学生穿着传统服装助阵。今天的气氛，好过上课。

踏入土地先敬三杯酒。漂亮的少女捧着一个盘子，上面有一大杯青稞酒和浊酒，我们各人用树叶扎成一束的东西点了酒，向上苍、大地和人民洒去。本来是留给自己喝一口的，但大家敬敬神明算数。

十多辆面包车载我们到当地最好的旅馆环太酒店——新建的，干干净净，很舒适。

中甸海拔三千六百多米，有些团友到了旅馆之后已感到高山症，呼吸困难，头开始咚咚作响，疼痛得很。

不要紧，随团有三名医师，带足氧气筒。当今的不那么笨重，包装摩登，像一个大型的喷发胶筒，引出一根管子插入鼻中吸取。

邵爵士九十多岁人了，谈笑风生。前几次去西藏高原，政府也派了两名医生跟班，结果邵爵士本人没事，那两名医生病倒了。

健　康

吃完饭后一行人到依拉草原。

依拉，藏语为“豹山”的意思，是云南最大的牧场。草原上长满了黄颜色的小花，导游姑娘说此花有毒，碰上了全身发肿。那么可怜的小东西，原来此般剧烈。她又说到了秋天，黄色花就会被鲜红的代替，我想一定会很好看。回忆起在西班牙小岛伊维萨原野的小红花，名叫Anapora，不知道会不会是同一种。

一路上，还看到很多木架子，小的由两根，大的到十多根木头组成，两头削尖，一面插入泥土，一端朝天。木头上穿了很多个洞，可穿入横木，用来晒青稞。青稞是类似小麦的植物，为藏人主要粮食之一，磨成粉煮熟，捏了当饭团吃，也用来酿酒。有藏人的地方必有青稞。

这一排排的架子到处可见，导游说美国人的人造卫星从太空看下去，误认那朝天尖端为飞弹[①]，所以不敢来攻打，信不信由你。

到了平地，政府安排一场歌舞，由藏族少男少女表演，有兴趣的团友也可以参加，跳成一团。从女性甩着长袖的舞姿看来，韩国的舞蹈绝对是受了它的影响。由男性的长鞋，跪地、踢脚等动作，是由哥萨克人传来，或者是看了西藏人学回去的，我没有研究，但一定有关联。

舞蹈的形式多不胜数，从非洲的原始动作，到当今的迪斯科，大家在几千年来不断地用种种形态表现。太过单调的总不是我所喜爱，重复又重复，有什么美感可言？

草原上还有一群年老的妇女，身上穿的衣袍色调灰沉，但头巾却是鲜艳的桃红，强烈的对比。想起丁雄泉先生说他最爱的颜色是桃红，我也有同感。

问那群老妇多少岁了，答案至少比我年轻十年。样子比我老，但身体肯定比我健康。

① 飞弹：中国香港、台湾地区的称呼，主要指巡航导弹或有翼导弹。——编者注

高山症

翌日大家到碧塔海。

所谓海，就是湖。云南人没见过海，凡是大一点的湖都叫海。

又去了松赞林寺，人们称之为小布达拉宫，但远不及拉萨那座建筑物那么宏伟。前面的湖泊已经干枯，不能把整座庙宇反映在水中。

本来要爬梯阶上去，我们一行享受特权，车队直驱主殿之前。

松赞林寺供奉的是密宗，一走进去门窗不多，相当幽暗。主殿有一百零八根柱子，漆得通红，大殿可容纳一千六百位僧人念经。

“文化大革命”时，遭受破坏，现在看到的壁画都是新画上去的。

有一点很值得注意，所有的佛像脸部并不像一般的严肃，眼睛睁得大大的，双眼之间的距离很近，肥肥胖胖像小孩多过大人，和蔼可亲。

庙内有一股强烈的羊油味道，是由供奉神明的羊油蜡烛发出的。

班禅在四楼为大家祝福，爬了几级楼梯，高山症又来，作罢，也许没有那份福气。

主殿周围有很多平房，一间间依山建筑，是僧人居住的地方。外墙漆成白色，有点像地中海的小白屋。

到中甸这几天，没有香格里拉的感觉，松赞林寺拍起照片来印象不深。谈起香格里拉，我认为下一站的丽江更像，古城的气氛，来过的人都受感染。

再过一天，就由迪庆机场出发，直奔丽江，飞机一起一落，十八分钟。

丽江上次和金庸先生来过，他在本府和从日本、中国内地及台湾来的高手下了一盘未完了的围棋，把各人下的几子刻在石碑上，很有意思。

从海拔三千多米的中甸来到海拔两千多的丽江，差那么一点点罢了，但是很奇怪的，高山症已完全消失。

不回家

丽江的古城，应该是全中国保留得最好，而且最美丽的地方吧。

古城中小桥流水，清澈见底，每一个角度都如诗如画，当今更开了多家咖啡座或茶馆，让人流连忘返。

许多外国人干脆住下，城中有些客栈三十块人民币一天，吃碗四块钱的面已算是贵的了。这种地方，简直是背包旅行者的“香格里拉”。可惜，吾已老矣，此阶段再不能重复，要住五星级的旅馆了！

丽江城中最好的酒店叫官房大酒店，上次和金庸先生来也是住在这里。官房？为什么有这么古怪的一个名字？想起深圳有“深房”什么什么的，是深圳房地产的简称，又是什么房地产开的酒店吧？一问之下，果然不错，是昆明人来开的。昆明有个官渡区，那里的公司取了一个“官”字和“房”字为名。

当地政府派了一队导游，每人一个，陪我们去古城购物，说才不会被店里敲竹杠。跟着我那个小女孩十七岁，被观光学校派出来。两人走了一段路，下起大雨。团友已走散，小姑娘一直说对不起，学校不准她们带雨伞，也不知是什么原因。

也好，躲进一间很有品位的小食店，她要了苹果汁，我叫茶。

聊起天来，知道她是纯正的纳西族人。纳西族，这个自古以来的母系社会，当今也改变成一夫一妻制。从前未婚男子晚上可以摸上她们的家，只要不碰到年纪最大、权力最高的祖母就行。少男也聪明，先行送礼打招呼，老祖母通气地起身晚一点。现在没有这支歌儿唱了。

雨停，我们折回停车处，小姑娘告诉我遇到明天不必上课，也要玩到天亮。“去迪斯科吗？”我问。“不，”她回答，“找个咖啡店上网，和网友聊天，爸妈有时会跑来把我抓回去的。”

轻描淡写

从丽江飞大理也是十八分钟左右，如果驾车，可要三小时以上，山路不好走嘛。

邵逸夫爵士的包机一上一落，已到大理机场。大队分两路，太太们去靠近缅甸的芒市买玉器，我们游湖，大理人称之为海。

喝了三杯茶，这是欢迎外宾的礼节，第一杯是普通清茶；第二杯加了蜂蜜、核桃片等，甜得厉害；第三杯酸辣带苦，叫四味茶。

我们乘了包下的船，有个大厅表演舞蹈，唱《五朵金花》歌，觉得地方不是很大，应该不必用麦克风和喇叭，音响开得太大吵死人。若能清唱，感染力一定更高。内地许多地方，都有这种毛病。

下船，游古城去。大理的小镇不像丽江的那么有层次，直不笼统的几条大街，摆满摊档，卖的都是大同小异的货物。

古城城墙很新，并列的房屋也很新，墙上都画着匠气重的画，还喜欢写四个大字。“风花雪月”最多人用，完全正经，一点也没有好玩的意思。

“这些都是民居。”导游小姐解释。

房屋占地甚广，那么大的一座座，空空的，好像没什么人住。大家都那么有钱吗？

被安排到一家当地风味小馆去吃饭，主人的一对儿女热烈欢迎，要求和邵爵士合照，他老人家也不摆架子。

“我们念大学的逸夫楼，是间图书馆，我最爱去了。”老板的女儿说。

邵爵士听了轻描淡写：“小姑娘真会讲话让我开心。”

西湖烟花

从西安返港，休息几天，取得精神上的平衡后，又出发到杭州。

浙江出版社印了我几本书，要我上电视，又刚好遇到杭州西湖国际博览会，金庸先生去看开幕晚上的烟花，又跟随。

入住湖畔的香格里拉酒店，从房间望出，角度刚好。

西湖挖大了，每天注入钱塘江的水，也清澈了许多。

主办方在下午安排了我们乘艇游湖，又于岛上贵宾厅吃了一顿提早的晚饭，就回酒店，等七点四十五分开始。

是次的烟花，为历年来西博会最大规模，在湖心亭和平湖秋月外侧搭了平台燃放，从欧洲买了无线电遥控点火装置，烟花师只要在几百米外按钮即能点着。

烟花来自中国、日本、美国、意大利、西班牙和法国，升空时可达七百多英尺[1]，爆炸后的直径也有三百英尺。

五彩缤纷的烟花在窗外爆开了，湖边挤满的十几万名观众喧声不绝。接着是“嘣”的一声巨响，声音比光速迟来了许多。

左右边各一颗，中间又一颗，有时同时间放几颗上去，把天空染红，水面上又放了所谓的“绿地毯”烟花。等到水面烟花熄了，空中的又反映在湖里。

日本烟花常见，法国和意大利的形态较为新鲜，一瓣一瓣爆发，像棵发亮的椰树，以为百花齐放时已进入高潮，还不断放下去。

一连五十分钟的表演，看到后来有点重复。烟花这种东西只求一刹那的美，太长了反而失去效果。最好看的是大放光彩之后，剩下的烟花尾还像柳叶般飘动，甚有余韵。

烟花是地球上最侈奢的玩意儿。高智慧的外星人看了，也一定会赞扬人类这种动物的豪气。

---

① 英尺：英美制长度单位，1英尺合0.3048米。——编者注

泰　山

泰山离开山东省省会济南，不过一个小时多一点点的车程，住在济南的朋友们说他们一生去过泰山无数次。

我是抱着期待的心情来登泰山的，但友人说："泰山并不高，只有一千五百三十多米，它也不特别雄伟，看了别失望。"

不管大家怎么说，我不会后悔来到泰山的。从小，我就听过"有眼不识泰山""稳如泰山""泰山压顶不弯腰""人固有一死，或重于泰山，或轻于鸿毛"这些话。

文人如孔子、曹植、李白、杜甫和苏东坡，哪一个没来过？还有那些皇帝，个个都要登上泰山，向天报告他们即位。

皇帝来的时候当然不用自己爬，有人用轿子把他们抬上去。当今更舒服，可以乘缆车。泰山分前山和后山，如果能一上一下，两边都坐，更把泰山看个清楚。

到了山顶有条小街，一旁有客栈、餐馆租军大衣，给那些早上来看日出的客人。印象最深的是山上的饼，制作用一块圆形的大铁板，外围是把手，可以将它转动。铁板下生火，上面倒下面浆，再用一支地拖形的木器把没烧熟的面浆铲起，一张圆饼就那么制成。包一条小葱，加了黑面酱，就那么啃吃啃吃地一口口塞进肚里。一张饼卖三块人民币，加多二元，就给你打两个鸡蛋下去煎。

去到哪里都少不了卖纪念品的，山上最多的是卖石头，上面刻“泰山石敢当”五个字。小时候不懂的，以为拿了泰山的石，也敢拿去当铺撒野。原来不对，泰山有个人姓石，名敢当，勇得不得了，恶魔看到他也要避开，所以后人在石上刻着他的名字，放在墙角，就能辟邪。我也即刻买了一块。鬼怪事，已落伍；要辟，辟些撩是生非的人可也。

鼓浪屿

从泉州折回厦门，只要一个多小时车程。到了厦门怎可不游鼓浪屿呢？

从我们下榻的酒店去码头，走路也近。鼓浪屿是厦门对面的一个小岛，只隔六百米。岛上为环保禁止工业，靠旅游，没有搭一座横跨的桥，交通工具靠渡轮。去的那程不用给钱，回来才付船费。整只渡轮像架巨型的双层巴士，楼下站位有把手可抓，到楼上去得付多一块人民币。

从前的各国领事馆都建在这小岛上，所以有多种不同风格的建筑。岛的尖端新建了一座巨大的郑成功像，俯视着海湾。

环岛一圈，靠电动的高尔夫球电车，除了救火救伤之外，不许汽车行驶，以免污染，但酒店和游水浴场的沙滩，水已不清澈。

海边上有块石头，中空，浪淘，发响，称为浪鼓石，鼓浪屿因此得名。

像青岛的红顶屋子一样，古建筑当今变为民居，多户人住一间，没有将之变为各类可以让游客前来参观的公众设施，浪费得很。

文化事业倒是很努力办，有钢琴博物馆以及各种大型音乐比赛，但要当成东方维也纳，可也得再加一把劲。一两条商店林立的街，卖的东西并无太大的特色，导游说："千万别买，这种东西贵，要买的话到厦门，厦门什么都有。"

乘了一辆高尔夫球车在崎岖的山路上上下下，看到很多"人车"。人车是木头做的，由年轻力壮的小伙子拉着，一切需要搬运的东西，都靠这些苦力。见其中有一个年纪甚大，想起晚年的骆驼祥子。

同行新加坡来的王邦文先生，十多年前来过，说的一句话，代表了对内地很多景点的感想："比以前好得多，但味道没了。"

名　胜

“武汉有什么地方最值得看？”助手徐燕华问前来迎接的司机。

这家伙很有个性，不卑不亢，问他什么，答案总是非常简洁：“黄鹤楼、归元禅寺、东湖和武汉博物馆，就此而已。”

从汉口经过长江大桥，抵达闻名的黄鹤楼，观后感触甚多。此楼非彼楼，是在一九八五年才重建的，不能发怀古之幽思。

归元禅寺离开黄鹤楼不远，建于清朝顺治十五年，已有三百多年的历史，比黄鹤楼古老。它能保留完整，靠一位方丈，叫昌明法师。他写信给周恩来，才使归元禅寺逃过破坏。这种故事好像在许多古迹的历史中都能听到，谁的功劳比较重要？没有冒性命写信的住持不行，少了把责任揽于身上的总理也做不到，两位人物，都是历史的恩人。

昌明法师是位书法家，寺中的匾联都是他的手笔。庙中另辟一个部门专卖他的作品。我有收集《心经》书法的嗜好，看到他写的一册，包装盒子甚大，要卖三百多块人民币，也即刻买下，为了不加重行李，只拿了书，盒子留下。盒子精美，《心经》却印刷得甚为简陋，替寺里添些香油，也不在乎了。

罗汉堂中摆了五百尊，造塑甚凶恶，但是我们得以工匠技巧角度来观赏。它是先用泥塑了，缠上布，再把泥冲走制成的，本身很轻，据说闹水灾时还能浮着，难民抱着它逃生。

罗汉也替寺里带来不少财富，参拜者见到一尊喜欢的，就从它数起，算到第一百尊，记下号码，到堂外买一张像信用卡般的塑料片，写着你的运程。每张十元，生意兴隆。

武汉博物馆很大，但空空洞洞，古物不多。至于东湖，和西湖一比，就名不见经传了，但湖北人觉得它更美。你是什么地方人，就说自己的好，是必然的。还是医肚[1]实在，我问司机："武汉什么东西最好吃？"

---

① 医肚：粤语，意为填饱肚子。——编者注

澳门悠闲游

去澳门谈点公事，乘机到艺术博物馆去看“乾隆展”和“明清家具展”。

澳门艺术博物馆就开在文华东方酒店后面的新口岸冼星海大马路上，地方很容易找到，整个澳门也不大，但这座艺术中心可不小。

乾隆的珍藏是北京故宫提供的，非常值得一看，尤其是那张在画中出现过的鹿角座椅，真的东西还是第一次看到。

中间也有许多玉玺。我一向反对乾隆把他的豆腐印印在古字画中，破坏原来的构图，玉玺的雕工匠气也很重。

有趣的是乾隆手写的《心经》，可以看到他深受王羲之的影响。乾隆的“无”字写得很刻意，每一个都要求不同的写法，其实《心经》中那么多“无”，变也变不到哪里去。他的其他书法，我并不欣赏。乾隆看了那么多书家的真迹，还是写不出好字来，应该打屁股。

“南阳叶氏攻玉山房”藏的明清家具，令人叹为观止，各种椅凳箱柜和摆设每种抽出一两样精品展出，已看得目不暇接，加上“嘉木堂”提供的明式家具制作的材料和方法，让初走入家具世界的朋友明白它们的构造，看了更是得益。当年不用一钉，也能拼出那么精美耐久的家具，是力学和几何学的智慧巅峰，外国人看了无一不折服。

叶氏的家具收藏，世界级博物馆也不及。开幕那天有八十八位香港藏家和艺术爱好者专程前往参观，他们多数是收藏字画、玉器、陶瓷等的顶尖人物，令人感叹香港的藏龙卧虎。

博物馆能办得那么好，也与馆长吴卫鸣有关，年纪轻轻，已那么有魄力，主办了许多展览会，比香港的活跃。

看完返回文华东方酒店，房间不及Westin①的舒服宽大和簇新，但胜在地点方便，是我喜欢的酒店之一。老旅馆都有一股味道，并非臭气，只是独特，每家酒店都不同，如果你旅行多了，就明白我在说些什么。

前一个晚上把颈项睡歪了，还是找人按摩一下，又跑去了“大班”芬兰浴室，物理治疗师把我医好，又擦背擦得干干净净，

---

① Westin：威斯汀酒店，是美国的一个国际性连锁酒店品牌。——编者注

走出大堂吃消夜。

来到澳门，当然是吃面，澳门的面，很神奇，做得比香港好吃。要了一碟虾仔捞面，再来鱼皮饺。经理说云吞也做得不错，又来一碗。见菜单上有荷包蛋和午餐肉，贪心地要了，那么多餸[1]下面，一开头就把捞面吃得光光，最后添多一碟才肯回酒店睡觉。

乘翌日十点钟的那班船回香港。一早醒来，看表还有很多时间，就坐的士前往大马路，想在卖土产的那条街走走，但一想家里还有很多还没吃完的蜜饯和糕点，也就作罢，吃个早餐上路吧。

“有没有面档？”我问司机。

那老兄回答：“那么早哪里去找？要吃粥倒有。”

巷子里的“大三元”卖粥，早上七点开到十一点，晚上又由七点开到十一点，正宗的“七十[illegible]”，我知道。但还是一心一意地想吃面。我这个人从不喜答案只有一个“不”字。你说没有，我偏要去找找看。菜市附近总有熟食档，卖面也不出奇呀。

在大马路的菜市附近下车，经过几条小巷，看见巷中还有多家菜档，菜市场已新建好了，为什么不搬到那里去？我有个疑问。

一早小巷烟雾朦胧，是一幅幅的沙龙作品，外国人看了一定举起相机，我这个早起的人就不感到稀奇了。走进赵家巷，见二十六号有家叫“池记”的，不是面店是什么？可惜还没开。

---

① 餸（sòng）：方言，意为下饭的菜。——编者注

新街市一共有九层楼，底层卖鱼，看到有鲈鱼，有五英尺长，还是活的。那么大的鲈鱼不可能是养殖的，一定很鲜甜，带不回香港，也没法子。二楼卖蔬菜，三楼卖肉，四楼是熟食档。哈哈，“池记”也在这里开了一档，正在营业，即刻叫了捞面。伙计问我要什么餸，我点了牛心和牛腰，这两种配料香港也少。

再去隔壁档要一杯浓茶，不要糖不要奶，别名“飞沙走石”。见有一个药壶，汽喷出来，是咖啡味，原来传统的澳门咖啡，都是用药壶煲出来的，这是其他地方找不到的特色。

邻座有一对老夫妇，也是一早出来散步，买菜后上来喝杯茶，我替他们付了，三人才十五块澳门币，每杯五元。搭讪起来，知道夫妇姓高，先生本人也是香港人，搬到这里已有十几年了。

“有三十万就能买到一间香港百多万的房子。”高先生说，“澳门节奏慢，可以活多几年。”

我也同意，可惜做不到。

“有了新街市，为什么还在巷子里卖菜？”我问。

“哦。”高先生说，“新街市很多层，要乘扶手电梯，老太太们嫌太高，又乘不惯电梯，不肯上来买，巷里的摊档才生存下来。”

有了答案，很满意。肚子又饱饱的，面又要了两碟，吃得差点由双耳流出来。这种感觉真好，有空应该多来澳门几趟。

台中之旅

本来正在拍摄无线电视的新一辑饮食节目，但一早已预定去台中，请了三天假，带团前往。乘的是台湾的长荣机，由赤鱲角的第二个机场登记手续。没到过第二机场的人说起来好像很复杂，其实入闸后，就看到一至八十几登机口，原来是与第一机场连接的。

因台中机场小，连换台币的银行也不设，故大机无法降落，只有中型客机，商务舱八个，诸团友都争着要，弄得我只能坐经济位。

下一团去，改乘华航好了，全机同一舱位，大家平等。反正不消一小时就抵达，我们在欧洲换诸国的机，还不是照坐？

当地联络派来两种Scania[①]旅游巴士，最为豪华舒服。本身是

① Scania：指斯堪尼亚，瑞典货车及巴士制造厂商之一，于1891年成立。——编者注

外国制造，但车厢在台湾做，装修得花花绿绿，有点俗气。司机可是十年来都没有违规记录的，他老人家在车头设一工夫茶茶具，休息时可慢慢享受。

导游在我们乘上后，解释这辆巴士安全措施，有多好是多好，还幽默地说："椅子底下有救生衣，遇事上面有氧气罩落下。当然，不是这辆车，那是飞机才有的。"

我们这次是去住全台湾最好、最贵的酒店"涵碧楼"，一共两晚，不必换旅馆和收拾行李，才是最悠闲的旅行，但我们的车不往日月潭，而向着万寿路的三义走去。

三义是木雕之乡，街道上布满了木艺商店，下回来再去逛逛，这次时间紧迫，直接到餐厅去。

台中客家人麇集，当然是享受客家菜。近来对客家菜甚为着迷，客家人由中原分布各地，最后在广东落脚，大埔和梅县的为主流，也分支到香港和台湾。三义的这家，招牌菜是"白玉三宝"。

什么东西呢？原来出自客家名菜"冬瓜封"，但这里的用冬瓜、苦瓜和白菜来盖住猪肉，清炖六小时才上桌，大家吃了无不叫好，说单单为这道菜，台中之行，已值回票价。

中台禅寺

对我个人来说，这次的观光重点是中台禅寺，距离下榻的“涵碧楼”约一小时车程。与中台禅寺特别有缘分，我的一位小侄女就在那里出家。她的父母皆为台湾著名的运动健将，俊男美女，生出来的女儿也很高，非常好看。人各有志，顺其自然。

中台禅寺由四川来的惟觉大和尚创立，当年立志开辟一百零八间精舍，引起众人猜疑。现今愿望达到，在香港也有分舍。

万众一心，历经三年规划、七年建筑而成，寺顶高耸云中。和一般寺庙不同，它的外观堪称抽象，但恰似一位修行人澄心静坐于群山之中，听“顿渐不二”的大乘妙理，象征了“明心见性，见性成佛”的顿悟法门。

步入主殿，先见两扉大门，数十米高，全由精铜铸造。每扉五吨半重，合十一吨，但很奇妙地，只要一只手就能轻轻推开。

宝殿中供奉巨大无比的弥勒佛，以笑容欢迎众生。旁边由四大天王守着，用黑色的花岗石雕成，高五十尺[①]。

最美的是九楼的大光明殿，有座全身雪白大理石雕出来的巨大毗卢遮那佛，象征人人本具的清净自性。

十六楼中心有七层佛塔，以传统大木做工法的榫接方式构成，不用一根钉子。

这回有侄女作陪，但临时安排，还有很多看不到的地方，下次再去吧。她剃度后，我还是第一次见到，感觉她对此地环境颇适合，但还是挂念：“身体健康吗？”

她点头。我再问：“你可以跑出来带我各地走，别人不会说什么吗？”

“可以。”她回答，“这是我的家呀。”

是话别的时间了，背景的她，一身黑袍，随风飘逸，像仙人一个。我为她祝福。

---

① 尺：长度单位，1尺合0.33米。——编者注

古　堡

饭后直奔我们此行的目的地佩里戈尔（Perigord）。

一路上风景如画，佩里戈尔在法国的西南部，交通非常不便，虽然说此地盛产鹅肝酱和黑松露菌，但专程来吃这两样东西的人究竟不多，就算一般的法国人也只闻其名，不会像我们这么老远来到。

这里有许多洞穴，里面尚存穴居人的绘画，洞的下面有很多建筑物，都是古代人为了防御侵略者和野兽而建的。

何况在当中经过，水无波，似镜。当今刚好碰上红枫和落叶，把大地染成金黄，要在这么美好的环境下，才有最好的餐厅吧。

我们下榻的古堡Chateau De La Tryne一点也不阴森。上几回带大家到其他古堡，一些团友说有鬼，怕怕。但这里有人把房间装修得新颖，墙壁上画着绿色的树，床又大又舒服，不像死过人，大家都很满意。

天气已转寒冷，大厅的壁炉生着火，其他地方木柴珍贵，在这里大把，烧得不停。从地窖中取出的酒，虽然不是大牌子，但也好喝，放在餐桌上，侍者拿温度计一量，刚好是十六七摄氏度，最适宜喝。

一共也才十二三个房间，我们整团包了下来，晚饭就在大厅进食。这次的鹅肝是放进汤中煮出来的，别有一番风味。另用西红柿做了四道不同的非常精美的小菜，接着又是鹅肝酱、鱼子酱、鱼、牛、芝士的甜品多种，吃得饱饱，好睡觉。

翌日一早看到花园，才知道地方大得不得了，古木参天，有一棵橡树至少上百年，几个人都会抱不住。在这种灵气十足的地方打打袁绍良老师教我的几招太极拳，从来没看过真人表演的古堡女主人也兴趣十足，说要跟我学，我即刻摇头摆首。

早餐，没有新潮酒店那么多东西。我躲在房内泡杯面，吃完出发。

便　宜

第十天。船折回，向丹麦的哥本哈根航去。时间过得快，这是此次旅程的最后一站。

丹麦是北欧诸国经济最强的一个国家，由五百个岛屿组成。哥本哈根在丹麦文是“商人的码头”的意思，比别人会做生意。

我们对丹麦的印象，最深刻的是嘉士伯啤酒，还有嫁给丹麦王子的香港女子，倒忘记了小时读的《安徒生童话》的作者也是丹麦人。到了哥本哈根，大家都会提醒你去和小美人鱼铜像合照。

小美人鱼铜像在照片看来很大，其实小得很，只有真人的四分之一。原本铜像的头给一个坏蛋斩了去，新铸的那个也被歹徒偷掉，好在这家伙良心发现，送回了再接上去。

现任丹麦女王住的市内王宫并不大，由四座建筑物组成。她有另外一座夏宫就比较像样，但绝对比不上俄罗斯凯瑟琳的。

离开夏宫不远，有座Kronborg Castle[①]，以莎士比亚的《哈姆雷特》著名。观光客都涌去看这座城堡，其实丹麦史上没有一个叫哈姆雷特的王族，莎士比亚也没到过丹麦。

文人之笔，的确厉害。

往城堡的途中，经过许多漂亮的住宅，导游说这些屋子最贵了，要三百万克朗。按照现在的汇率，一块港币和一个丹麦克朗同值。在香港，多十倍价钱也买不到。

仔细观察，你会发现这些屋子只有花园，但没围墙，连一个普通的篱笆都不设，可见丹麦的治安非常之好，在香港你有能力买这些住宅，但无法得到他们的安全感。

不但屋子有花园，连坟墓也有花园。丹麦地大，人皆土葬。一块地，还有草丛围住，看得游客羡慕不已。

丹麦东西贵，任何东西都加二十五巴仙[②]的税，物价和香港相等，但退税后就便宜了。

---

① Kronborg Castle：卡隆堡宫，即哈姆雷特城堡，坐落在丹麦西兰岛北部赫尔辛格市的海边。——编者注

② 巴仙：东南亚一带的华人国语，即“百分之”，是英文“percent”的音译。——编者注

丹麦“荔园”

船一共在丹麦停留两天，第十一天也在哥本哈根度过。

“Tivoli[①]是一个一定要去的地方。”导游说，“这是欧洲最著名的游乐场之一。”

我童心已失，从前又去过，没什么瘾，但是要顺大家之意，便不作声。

“当然，它不是一个迪士尼乐园，”导游说，“不能和迪士尼比较。”

这么说明并不清楚，如果说Tivoli是一个放大了的启德、荔园，香港人便有印象。

玩的东西和荔园一样古老，近年来加了一个铁塔，周围数十

---

① Tivoli：蒂沃利，是丹麦著名的游乐园，有“童话之域”之称。——编者注

个座椅，客人坐上去，便升到十多层楼高，再一下子忽然掉落，把客人吓个半死，当然最后着地前会停下的。

同行的年轻朋友一直要拉我去。我说小时候坐进一间铁皮屋，座位不动，但是整座铁皮屋三百六十度转动，让客人在视觉上错乱，以为自己在天旋地转，已经够吓人了。

小贩摊卖棉花糖，另一摊上看到了一根像铅笔的东西，原来是甘草枝，买了一根细嚼，比吃糖好。

我的童年在一个叫大世界的游乐场中度过，这里的玩意儿都似曾相识。

走过一摊电动枪档，木制的柜台上摆三支长枪，枪柄上有条电线连接，一扳机，枪头便会射出一道光线来。

目标是几只团团转的铁皮熊，身体两侧皆有一个圆形的玻璃眼。电枪射去的那道光线要是打中了玻璃眼，熊便会站起来，显出它肚子里的第三只玻璃眼。这时补上一枪，连续打中的话，这只熊便忙得不得了，站起来又伏下，伏下又站起来，笨得很。

这个玩意儿我已经半个世纪没有看过，虽然又原始又幼稚，但可爱得要命，充满了怀旧感。

丹麦“荔园”，还是值得去的。

重访墨尔本

我又回到墨尔本，这次是带一团广东朋友来吃东西，由白云机场出发，和香港同样地经过八小时后抵达。

当今是十月中，澳大利亚在南半球，与我们的气候相反，我们冬天他们夏天，但是秋天呢？是不是变为春天？这倒不明显。要穿什么衣服呢？我从前在这里住过一年，应该知道的，但久不去，忘了。

反正墨尔本是一天中有四季的，里面短恤，外面一件厚外套，总差不了哪里去。

果然走出机场一阵寒风，只是十摄氏度。到了中午变成三十摄氏度，傍晚二十摄氏度左右，是春天和秋天的天气，深夜和清晨，又是寒冬了。

入住赌场酒店，虽然我和赌无缘，但团友多数对此有兴趣，将就之。

打开窗帘，面对熟悉的Yarra河[①]和Fliders（菲林德街）车站那排旧建筑，特别亲切。

墨尔本是整个澳大利亚我唯一能够接受的城市，它的文化气息极浓，吃的又好，幽静之中带点热闹。长期居住，也不觉得闷。

早餐本来安排在唐人街吃点心。我说广东人在广州饮茶已饮得够了，到澳大利亚还去干什么？直接带他们到维多利亚街市去，买些烧肉夹面包，来一杯咖啡，坐在露天茶座中慢慢叹[②]，何乐不为？

再到香肠和芝士档买了些生火腿，分给大家吃，又来几大块水果芝士。这是澳大利亚特产，别的地方吃不到，当它是蛋糕甜品，众团友吃得津津有味。

各人在进食时，我跑到从前经常光顾的菜档去，找到那位中国太太，亲热打招呼。上次向她道别时，她买了一本关于澳大利亚蔬菜的图书送我，是我想不到的礼物。

开花店的老板娘也送了一本澳大利亚花卉的书，图文并茂，又厚又重。这次，没时间去找她，心中不断思念。

对一个城市的感情，不在地方，是在人。

---

① Yarra河：雅拉河，位于墨尔本南部。——编者注

② 叹：粤语，意为享受、慢慢品尝。——编者注

好望角

我们终于来到好望角（Cape of Good Hope），非洲的最南端。

亲自踏在这块土地上，当然没登上喜马拉雅那么威风，但也有种满足感。

“为什么叫作好望角呢？”李珊珊问我。

古时欧洲的航海者到东方去采购香料，买丝绸和茶叶。回程时看到非洲的尖端那块巨石，就知道能够顺利地回家，充满重见妻儿的希望，故称之。

从好望角望出，是印度洋和大西洋的分界。

远处，一片白浪，是鲸鱼群在嬉戏。海洋学者来到南非研究鲸鱼生态的不乏其人。“*Free Willy*[①]，*Free Willy*！”同行的艺员叫了

---

① *Free Willy*：指电影《人鱼童话》。——编者注

出来。

Willy是条杀人鲸，身体不大，怎能和这种巨鲸比较？有些人认为鲸鱼只有一种罢了，和看到海，就是一种海一样，哪分什么大西洋、太平洋和印度洋？

瓦格纳著名的歌剧《飞翔的荷兰人》（*The Flying Dutchman*）的神话，也是起源在好望角。其实“荷兰人”不是人，而是一艘船的名字，而且并不会飞。

话说这艘船的船长航行到好望角，遇着风浪，天使出现了，安慰“飞翔荷兰人号”的船长，但他并没有即刻亲吻天使的手。天使不高兴，就让风浪把船打沉，见死不救。这个天使，未免也太小气了。

“飞翔荷兰人号”从此不得靠岸，永远在好望角边航行，成为一艘幽灵船。其他船只一经过，听到它传来的吼叫声即刻避之，故不触礁，救了很多人命。

这传说一直流行到第二次世界大战，德国的U型潜水艇（U-Boat）也因听到吼叫而逃之夭夭，盟军的战舰才没受到水雷的攻击，信不信由你。

非洲马来村

在南非开普敦散步，离市中心不远的山坡上，有个住宅区，房屋每一间都不同颜色，像孔雀开屏。

“那是什么地方？”我问。

“马来村。”当地友人回答。

简直不相信自己的耳朵，在非洲怎么会有个马来村？友人娓娓道来：“从前有个马来西亚的亲王被放逐，漂流到这里，非洲人很友善地欢迎他一家住下。这里生活悠闲，和他们的家乡一样，只是冬天冷了一点。故事流传到马来西亚，许多人相继移民到这里，很多伊斯兰教徒都来了，还建了一间伊斯兰教堂呢。”

“但是马来人的房子并不五颜六色的。”

“到了二十世纪七十年代，有很多嬉皮士流浪到南非。”友人解释，“他们选择马来村住下。嬉皮士都有点艺术细胞，你一间我一间地髹漆起来。政府还对马来人很好，他们买房子不必缴税，后来也有很多搞艺术的非洲人也集中在这里。”

我们逗留了一阵子，拍了很多照片。我想，要是能进去一间看一看就好了。

不问白不问，问了机会五十五十，我遇到一位端庄的少妇，提出要求。

“进来，进来。”她毫无疑问地欢迎。

她住的这间很小，一进去是个厅，没有沙发，少妇的女儿长得很机灵，正在看电视。母亲是一个大肥婆，招待我们到厨房，所谓厨房，是在大厅中摆了炉灶，我最喜欢这种一面闲聊一面进食的生活方式。

她们把家里食物全部搬了出来，我以为可以吃到一些失传的马来西亚咖喱，但味道近于印度尼西亚菜，已很满足。

“客人来到，没东西给他们吃，就没面子了。”少妇说，“我们去到他们家，也一样。”

“要是对方孤寒[①]呢？”我问。

她回答得理所当然：“少来往呀！”

① 孤寒：粤语，意为吝啬、小气。——编者注

野兽本性

原来野兽只在早上看。为什么？它们晚上狩猎，或防御别的动物袭击，不睡觉。到了下午，都躲了起来，看不到。

我们运气不错，一下子就看到了非洲巨象，是只公的。向导说它只有十二岁，因为一群象只能容纳一只雄的，被它的父亲赶了出来，自己游荡，到了二十五岁的适婚年龄才能找到一群雌象，把老的赶走，自己拥有家庭，是只又孤独又可怜的未成年者。

车子到了河边，见一只数吨重的大河马潜在水中，问何时才走上岸。原来河马的皮虽然很厚，但晒不了太阳，一晒就日灼，皮肤表层剥脱，全身不是流汗，而是鲜红的血。

河马比狮子、大象的杀人概率更高，它们脾气坏，看不顺眼的就冲出来撞。试试给这家伙碰一碰，绝对死人。

长颈鹿在河边喝水，四脚撑开，俯下头去喝。喝完之后一定先大力摇头才举首。它颈长，低下去时血都流到头上，不摇首的话，会脑充血死掉。不说还真的不知道。

Sabi Sabi（萨比萨比）这个野生公园不是政府的。到底是一家上市公司还是私人拥有？答案是后者。为什么一个人可以买那么大的一块地？钱哪里赚来的？向导解释是祖传下来的，我们大失所望。

所有野兽只能看，不可猎杀，传闻中给多少钱就能杀什么，已成过去。

法律规定，如果不是繁殖过多，杀之有罪。

在这里工作的人连羚羊也不杀，一起生活久了产生了感情。那为什么餐厅中还有烤羚羊肉吃呢？哦，那是人工养殖的，买回来煮的。

最后看到两只大雄狮在嬉戏，我们的吉普车开得很近去看，又没铁笼，不怕吗？向导解释："这两只已看惯了吉普车，知道不是好吃的东西，我才敢驾到那么近让你们看的。"

非洲蓝火车

很多人不知道在非洲有这么豪华奢侈的火车，整辆漆成蓝色，叫蓝火车。有一阵子为了载英国王族，漆成松白色，也叫白火车。但随着殖民主义消失，还是叫回蓝火车。

车轨很宽，行走起来安定，餐厅卡厢的玻璃水杯并不碰在一起叮叮当当。从新加坡到泰国的亚洲东方快车就因车轨太狭，摇得厉害，没那么舒服。

总统套房不大，但是设有浴缸，不必站着冲凉，对患有心脏病的人来说是福音，这一点，和欧洲东方快车一般高级。

有两个大酒吧，一个当成吸烟室。酒要喝多少有多少，是酒鬼的天堂。

最后一节是展望台，隔玻璃窗，像个古画的镜框，让客人观赏野兽，也不怕它们来咬。

从约翰内斯堡到开普敦，一共是两天一夜，收五千块港币左右，贵吗？设想两天吃个六餐，还有酒店服务，二十四小时的小食供应，加上旅费，还是合理的。

在二〇〇〇年的除夕，这辆车载客人到一个观星的原野停下，开派对，在天空大放烟花。非洲的各大歌星聚在一起表演，是一盛事。

还没有飞机的年代，邮船和火车不但是交通工具，而且是社交场所。愈高级愈多人想乘，其中当然夹着想把女儿嫁给有钱人的母亲。

餐厅卡厢的食物有鱼有肉，用的是当地最新鲜的材料，鹿和跃羊非常美味，非洲独有的葡萄Pinotage①酿出来的红酒，更是香醇。

沿途风景还是最重要的，欧洲东方快车可见河流、古堡，像童话的世界。亚洲东方快车看来看去只是椰子树和向你招手的马来小孩。非洲蓝火车是一望无际的大草原和各种不同的野兽。来乘的人，不只是富有的老头，年轻人也不少，是个愉快的经验，人生中绝对值得一游。

---

① Pinotage：译为“皮诺塔吉”，南非最具代表性的葡萄品种。——编者注

旅行的雨

来到吉隆坡，天雨。

信风影响下，这个城市一年之中总有几个月雨下个不停。记得在这里监制电影时，每天下午三点整，一定下雨，比时钟还要准。

雨天让游客感到扫兴，但是如果我们把想法一改，也许会变成乐趣。

有情人根本不管阳光、阴天、刮风和落雪，任何天气皆宜，这不是一个极好的证据？

但孤单的旅行者如何欣赏雨景呢？

吉隆坡炎热的天气之下，即使被雨淋得全身透湿，避它一避，一下就干了。问题出在那双鞋子，所以到了南洋，穿拖鞋是上选，木屐更为风流。

“年轻力壮，淋雨就淋雨，老了岂不伤风感冒，患肺炎致命？”

理性的人问。

老者最多不出门，有什么他们没见过的？等天晴才上街，年纪大的好处是有耐性。反正有的是时间，原来刹那间雨便停了，再和老伴溜达。

小孩子更要鼓励他们不打伞，淋雨已变成住在都市的人接触大自然的机会，而且小时候踏水的感觉，毕生难忘。

关在房间，心中烦躁，看书是最好的享受。什么？人到外国，还看什么书？问这种问题的人，不懂旅行。地方去得多，就知道不一定要抓着一分一秒。旅行是休息。旅行是与友人消遣最好的时间，在雨天。

加尔各答的街头，雨水冲掉所有不想见的东西。马路是那么光鲜，建筑物的格调，原来是那么高的。

想法还不能改变的话，可以用比较来促成。古人教你，如果家中不凉，可见晒日再进屋。现在人认为这是自我欺骗，但这是避免不了的自然反应，骗骗自己，是哲学。

在温哥华、墨尔本的长命雨[①]季节住过，一场小雨，算得了什么？

---

① 长命雨：即梅雨。——编者注

萤火虫之旅

到达吉隆坡视察下一个旅行团的地点和饮食。第一站就去看萤火虫。

由市中心乘旅游小巴前往，约需两小时车程，先到一家靠河的餐厅吃晚餐。

鱼虾蟹应有尽有，大排档的炒法，镬气十足，有些带着南洋风味的刺激，有些不辣，但每道菜都新鲜美味，已经饱得不能再饱，最后上的福建炒面和米粉，照样吃得精光。

走进餐厅之前，看到客人从冰箱中各自拿雪条[①]来吃，场面混乱，不知怎么付钱，后来才知道是赠送。四方形的长条，用纸张包着，非常原始，红豆的红豆十足，榴梿的榴梿十足，不像大机

① 雪条：即冰棍。——编者注

构制品那么吝啬。

太阳西下，河流被晚霞染得通红，一艘艘捕鱼的舢板划过，每一幅都是沙龙作品，起初学习摄影的友人看了一定拍个不停。

入黑，去到一个小码头，众人已排着队等待小艇来载。每艘可坐十几人，大家穿上救生衣后登上。小船是电动的，静悄悄出发，客人也受气氛感染，轻声说话，不敢吵闹。

远处一棵树，叶上有百多只萤火虫，不停闪亮，据说公的每两秒钟闪一次，母的三秒，较为被动，原来是互相闪来求偶的。

另一棵树，有几千只。再过去，一整片的树丛，萤火虫已像天上星星，数之不清。

观赏萤火虫，只能到十一点多，过后交配不成，就收工睡觉，再也不闪了。

船绕个一圈，有半小时的惊叹和喜悦，船夫明白客人只能远观不满足的心理，最后把船直冲到树丛中，让萤火虫飞入。众人大喜狂呼，看看是否能够捕捉一只回家。

有只飞入我的掌中，但不忍将它从大自然带走。上了岸，我按着恤衫口袋，友人看到一闪一闪，叫我拿出来看看，我笑着展示出来，原来是移动电话上的灯。

文冬

在马来西亚彭亨州有个小镇，叫文冬。

中学时的好友唐金华，就是由文冬来新加坡念书的。

文冬的水质很好，所以做出来的豆腐一流。当地美食还有苏丹鱼及八丁鱼。在吉隆坡等大都市吃到的都是人工所养，略带泥味，但是在文冬吃，哎呀呀，其肉之细腻鲜甜，并非笔墨能加以形容。

还有一个地方，连马来西亚人都不太听过，就是海拔四千米的山顶上，有几个深水湖，清澈见底，但非常冰冷，别说游泳，到了下午四点钟，已经冷得连手指都不敢放进去。这座山，当地人叫白叶山。

每年，当雨季来到，文冬的河水便泛滥了，这时家家户户都被水所淹，成为一个水中镇，所以屋子都是两层楼以上。

最奇怪的是，每家人屋子的外壁上都挂着一艘小艇，天旱时看起来真是不可思议，但是闹了水灾，这便是唯一的交通工具了。

洪水是文冬人生活的一部分，每隔一两年来临，居民已习惯，不当成一件大事，更变成小孩子的大游乐场。

晚上睡觉不盖被，就时常梦见文冬，整个镇沉在水中，我赤足狂奔，从这家屋顶跳过那家。后来有一部日本卡通片也出现这种情景，似曾相识。

挂在墙外的那些小艇都浮了起来，人们在船上烧菜做饭，开起水中大排档来。

警察开摩托船前来抓，小贩划着艇四散，笑嘻嘻的，被抓到了，给警察一两块马来币，就即刻放人。太阳出来，水干了，山城并不见泥泞，好像冲了一次大凉，干干净净。

这一切，都是从唐金华那里听来的。中学时代的青年，都喜欢谈天谈到天明，我从来没有到过文冬，终有一天，一定要去玩玩。

关于马来西亚的山城小镇文冬，再请国栋兄做了一些资料搜集。原来交通不便的文冬开了新路之后，从吉隆坡去，只要一小时，经过云顶高原的赌场。

和其他小镇一样，文冬由三条街组成，如果你和镇中的任何一位少女晚上到街上散步，那么全世界的人都知道你在拍拖，快要结婚了。

人口多由广西移民来的后裔组成。想起来，我的文冬同学唐金华也是广西人。他们生性勤劳，女性尤甚。有句话说：娶一个广西妹，好过两个广东老婆。这也见仁见智，要是我，宁愿后者。

文冬民风朴素，从前种树胶为生，现在多了棕油树事业。

三十多年前，这个小山城曾经发生一件轰动天地的大新闻，那就是电影明星丁皓要到这里来随片登台。

当地人最大的娱乐是看电影，但从来没见过一个真正的明星，这下子可好，黄牛党即刻炒黑市票。

爆满是必然的，奇怪的是前两排被人包下，全空的座位中间只有一个坐着人。丁皓登台几晚，每晚两场，都发生同样的事。

看在心里的丁皓深表感动，原来这个人是戏院的少东家，除了每晚捧场之外还日夜相陪，大送礼物，包括一只大老虎的标本，后来这少东家果然打动了她的芳心，结为夫妇。

文冬人大喜，这是他们感到光荣的事。

从电懋[①]的《国际电影》那本杂志中，看过图文并茂的报道：丁皓正在为圈内人看掌算命，据说相当准确，无论过去或未来。

不久，传来了惊人的消息，国泰玉女明星因婚姻触礁而自杀。文冬人纷纷惊叹，会算命的丁皓，竟然没有把自己的命算好，实在令人惋惜。

---

① 电懋：即国际电影懋业有限公司，香港电影制片机构，1965年改组为国泰机构（香港）有限公司。——编者注

油棕树

在马来西亚公路的两旁，看到最多的，从前是椰子树，现在油棕树代之。

油棕和椰子应该属于同科，先从地上长出头来，再慢慢见到树干。

树龄最小的油棕林，只能看到一个个的树头，甚滑稽。种植时要有细密的计算，好让成长后方便采集。杂乱无章的话，运起来人工就多了。

每丛油棕子有几十公斤重，用一支竹竿，上面绑把利刃，一割就割下来。一看，小种子上千粒，用机器榨出油来。

棕油的用处甚多，是人造牛油的主要原料，肥皂及很多日用产品都是用棕油，香港人吃的南洋牌子的花生油和粟米油，其中也掺了大量的棕油，只可惜不可以代替汽车的汽油，不然就发达了。

椰树中提取的，没有棕油用处那么广，而且椰子繁殖不及油棕，生命力也没有油棕之强。

油棕树自看到树头之后，逐渐长高，植树者便会把它的树枝斩下，露出树干来。干上被削枝后留下规则的花纹，也蛮好看的。但树干长高后并不光秃秃，有很多寄生树生长，像替它披上一层衣裳。

它还是产油植物中树龄最长的，一棵树可以连产三十年以上的种子，老后树干已愈来愈高，要采割起来需要更长的竹枝，很不方便。而且，到这树龄，所产种子渐少。

这时，人类做出一种很残忍的行为，那就是向他们服务多年的“员工”下毒，让油棕一棵棵枯死。

枯死之后一把火烧个干净，再在油棕园重新种起，油棕后代也不怨恨，默默地为雇主服务，直至它们又被毒死的一天。

油棕树的命运最悲惨，每次经过枯老的油棕树，都为它双手合十。

大金塔

大金塔（Shwedagon Pagoda）于仰光无处不在，从大厦和树林中都能看到这座亮晶晶的黄金宝塔。

有东南西北四个入口，爬上小山，就能抵达金塔。一般人都能步行上去，身体障碍者可由北门乘电梯。游客们也坐电梯，不肯花这一点脚力，是心灵的残缺。

先见到一株四人合抱的菩提树，据说是佛祖悟道的那一棵接枝过来。

接着的就是那金塔了，三百多英尺高，巨大无比，堪称世界之最。金塔以泥堆成，外面用铜片包住，再铺上无数的金箔，永不剥落。

塔顶上有个风向翼，镶着一千一百颗钻石，一千三百八十颗红宝绿宝。顶尖更有一颗最巨大的钻石，七十六克拉。用四千三百五十一颗细钻包围，共一千八百克拉。

入庙不准穿鞋袜，赤脚走在火烫的石板上并不好受，向阴处行就是，不管太阳多大，都有阵阵凉意，不觉其苦。

四面绕一周的话，先从顺时针方向走才对，你会看到塔边的无数庙宇，皆铺金瓦，墙上挂绿的雕刻精美，不逊中国的。

信徒并不用跪地朝拜，将双脚曲于左侧向佛盘坐。大家也不喧哗，默默祈祷。缅甸人认为一生之中非到大金塔一次不可。外国游客，不来也是人生的损失。

亲自看到，才能了解什么叫作佛国，缅甸人民贡献了所有的人力物力来建造这座金塔，洗涤他们的心灵，让我们这种只捐数美金的游客也来分享一点点安宁吧。

一大早或者日落来欣赏金塔，是最好的时候，不太热，阳光又好。晚上来，另有一种梦幻的气氛，但金塔不开通宵，到九点为止。

仰光绝对值得一游，当你和我一样被佛教力量震撼时，你会同意。

纱笼

生活得朴实，也需要自然条件配合。缅甸处于热带，衣着上只要一件上衣和围着下身的一条纱笼就够了。从来没有看过纱笼那么流行的国家，男女老幼，都着纱笼。

基本上，纱笼是一匹六英尺长、三英尺半宽的布，两头缝起来，成一个圆圈。踏进这个圆圈，左手拉一角，右手拉一角，互折之后，把两个角缠两周，塞其中之一角进纱笼里，纱笼就永不脱落，绝对不会出丑。

到处是纱笼铺，我买了一条精美的，三十块港币。拉着导游要他教我怎么缠。学了几次，皆不成功。回到酒店，冲好凉，再自修数遍，终于成为高手。热天穿纱笼，舒服得上瘾。

许多西方游客都入乡随俗，男女上身穿运动衣，下面围着纱笼到处走。短裤、迷你裙是对对方不尊敬的，尤其到寺庙奉拜，更是禁忌。但既然老远来到，拒绝客人进入也没礼貌，收费处会借一条纱笼给你围一围。

正式场合中，纱笼之外，上面要穿一件高圆领的白衬衫，再加一件中国式的马褂，一字排的布扣，但没有领子，露出白衬衫的圆领。

头顶，传统上还要包一条发巾，打一个结在左侧。当年周恩来到缅甸参加他们的泼水节时，周围的人穿的就是那个模样。天气太热，当今包发巾的习惯已不常见了。

车子经过一所中学，学生下课，穿着白衬衫，下面围着绿色的纱笼，当成校服。书带得不多，不像香港学生那么受折磨。

配着纱笼的是一个布袋，多数是山地民族的手织品，相当粗糙，并不像泰国袋那么精致，也很少真丝纺织。

我怕自己惯用的那个黄色和尚袋，缅甸人看了会觉得是亵渎神明，就买了一个当地做的，再把和尚袋藏在里面。这一来也可防小偷，但仰光没扒手，担心是多余的。

Angkor Wat[1]

整个吴哥窟面积很大，慢慢看的话要花上一个月，但是一般游客时间有限，最多看一至三天。

政府很会赚钱，一天的门票二十美金，三天的四十，七天的就要六十了。入口处有座建筑，免费为你拍张照片，印在证件上，颈上挂着这块牌子，就能到处走了，用完还可以拿回家当纪念品。

千万要计算你有多少时间，决定好要看些什么才行。一般旅行社安排你去游船河，看水上市场，就要花掉你一天。水上市场？到曼谷去看更精彩！来到吴哥窟当然先看古窟和寺庙嘛。

---

① Angkor Wat：吴哥窟，又称吴哥寺，位于柬埔寨，是世界上最大的庙宇类建筑。——编者注

吴哥窟一共有二十二个重要的景点，最大的才叫Angkor Wat，当然值得一游。但要选择起来，应是有众多大石面相雕刻的Angkor Thom，第三个为森林庙宇（Ta Prohm），而最后一个是看日落的山丘（Phnom Bakeng）。[①]

去这四个地方，需两至三天，如果一来就游船河，可真浪费时间！

Angkor Wat被宽大的城壕围绕着，经过很长的石桥才能抵达，由东至西有一点五公里，从南到北则是一点三公里。一入眼的七座巨塔，其中有两座倒塌，现在看起来一片灰黑，残旧不堪。当年，这些塔是用金箔包着的。

建筑这个城市的是Suryavarman二世国王[②]，他南征北战，墙上的浮雕都是刻来歌颂他的丰功伟绩的。建筑受印度教的影响，当时的印度文化还是最崇高的，东南亚所有国王都争着模仿印度的建筑。

一般游客在大院中向着塔拍几张照片算数。佛像和浮雕要爬上高层才看得到。趁年轻时去看吴哥窟吧，我当学生时流浪过，和数十年后重游的心境完全不一样。

---

① Angkor Thom：通王城，是吴哥王朝的首都，又称“大吴哥”。Ta Prohm：塔普伦寺，兴建于1186年，位于吴哥城东约一公里处。Phnom Bakeng：巴肯山，是吴哥窟西北1.5公里处的一座小山，高约70米。——编者注

② Suryavarman二世国王：“太阳护卫神”苏耶跋摩二世，吴哥王朝国王。——编者注

其他景点

给大家印象最深刻的是那些巨大的人头雕像，向着东南西北，无处不在。

这些人头脸带笑容，像是慈悲，又有一点恐怖，是照Jayavarman七世[①]的脸刻出来。之前的国王只信印度教，到了他开始受佛教影响，把自己的形象刻得和佛祖一样，永远地注视着他的国民。

看这些古迹就要来到第二个景点Angkor Thom了，充满佛头的是这个区的中心，人称Bayon[②]。

未抵达之前要先进入一个石门，顶上当然是国王笑容的石像，下面只有一辆汽车能经过的宽度，非常狭小。

---

① Jayavarman七世：阇耶跋摩七世，吴哥王朝国王。——编者注

② Bayon：巴戎寺，修建于公元12世纪末，是柬埔寨吴哥城内著名的寺庙。——编者注

游客看到这个门即刻下车拿出相机，拍个不停。其实里面的石雕才更精彩，你去的时候不必太过心急。

整座Bayon有四十九个塔，都荒废得凹凸不平，像已经剩下的一副骸骨，只有头部的笑容是完整的。

爬上石阶，有更多的大头，可以在近距离拍照，是爱好摄影的人梦寐以求的。当中还有许多门框，一层隔一层，偶尔看到柬埔寨儿童从门框里望过来，光和影的凑合，本身已是一幅沙龙作品。

但最值得一看的是第三个景点Ta Prohm，被叫为“森林庙宇”的地方。一条条巨大的老树根吞噬着石庙，令你想起蟒蛇。惊叹的并非恐怖感，而是人类的建筑，永远敌不过大自然的力量。

车子停下后再走一段五分钟的沙路才能看到，会弄得满鞋满身衣服都是沙，看Ta Prohm最好是着便服和穿拖鞋。

观日落的Phnom Bakeng可骑大象爬上去，每程约付十五美金。其实只是个平台罢了，不如在Angkor Wat乘氢气球升高，日出日落，任你看个饱，费那么多金钱和精力干什么?

Casa Fuster[①]

Casa Fuster位于市中心的Passeig de Gracia道[②]上，建筑物漂亮得不得了。说到它的历史，有一个美丽的传说，从马略卡来的绅士富斯特，爱上了巴塞罗那，也爱上了一位伯爵的女儿。他说要造一座房屋，不单是给她，也要献给巴塞罗那，成为地标，才不会对不起两者。

不惜工本地请了当年最红的Lluís Domènechl i Montaner[③]（1850—1923）设计，他的作品包括了动物园、音乐宫、国民医院，当今都已是联合国指定的文化遗产。

---

① Casa Fuster：西班牙巴塞罗那富诗之家酒店。——编者注

② Passeig de Gracia道：格拉西亚大道，是巴塞罗那最著名的高档购物街。——编者注

③ Lluís Domènechl i Montaner：西班牙著名的现代主义建筑师路易·多梅内克·蒙塔内尔。——编者注

大堂是宴会厅和舞池，富斯特一家住楼上，直上四十几层用来租给别人当公寓。富斯特以为可以在此终年，但生意上的失败，债主迫迁。富斯特说他放弃了这最后的产业，就是他死的那天。临终前，他说他对不起家人，但是这座建筑，没有对不起巴塞罗那。

被电气公司收买，本来要拆除建大厦，但全市市民反对，保留了下来，直到二〇〇五年九月，改建成一家有五十个房间的豪华酒店。

富斯特住的部分装修为大堂和十一间会议室，还有咖啡厅和理发室等，最标青[①]的是一间叫Galaxo的餐厅，专卖巴塞罗那最地道的菜式，和一般的食肆一比有天渊之别。

到了欧洲，有些人喜欢美国式的新派旅馆，认为古老的建筑一定有鬼魂出现，和这种人也不必争辩，各有所好罢了。

历史悠久的建筑，总有它的味道，别的不说，楼顶一高，气派就显出了，这绝对不是美式经营的可比。

但旧酒店年老失修，壁纸地毯的霉味、水管的水，都令人烦恼，像Casa Fuster这种重新装修好，舒服之中，还接触到往日的光辉，人生机会不多，价钱贵贱，已非问题。

内容也不必再详述了，当今的网站最为方便，各位要是有兴趣，进入www.hotelescenter.es一看，就知此言不虚。

---

① 标青：粤语，意为非常出众。——编者注

圣家堂

到达巴塞罗那，第一件要做的，当然是去“圣家族教堂”（简称“圣家堂”）朝拜。

我并不是一个教徒，看到教堂时常怀疑，这是上帝的力量，还是人类的创作？结论是两者互相感染。在“圣家堂”的例子，建筑家高迪的影子较为浓厚。

从前，我选巴塞罗那当一部电影的外景地，也是为二十世纪的四个伟大的艺术家：毕加索、米罗、达利和高迪。前三位的画在各个博物馆看过，而要实地接触建筑家高迪的作品，只有亲自来到巴塞罗那。

第一次抵达时，住的公寓就在“圣家堂”旁边，工作完毕，天天跑去研究。离开了巴塞罗那，还是不断收集有关高迪的参考资料，希望有一天闲下，写一本关于高迪的书。

一百年后还在建筑的教堂，到底还要多少岁月才能完成？这是每一个看到“圣家堂”的人的问题。

“本来得花多三十年的，”友人说，“但希望缩短五年，在二十五年后完成。要是钱够，加上现代科技，其实五年内也能建好。”

“西班牙富有，由国家全力支持，问题不就解决了吗？”我问，“要不然，也有大把外国公司资助呀！”

“任何机构出钱，都要把它们的商标放进去，要政府付的话，税金虽然是由人民缴，但也不是所有的人都赞成。我们建教堂是全心全意的，钱不由教徒捐出，就不能接受，已不花政府的钱了，怎会要商业机构的钱？”友人说。

慢就慢好了，我也这么想。跑去找老友外尾，他来自日本，把一生奉献在雕刻教堂中的石像，穷得像一只教堂老鼠。当年我回香港时，把身上的棉袄和所有厚衣都给了他，他非常感激，问我要什么东西留念。

“要些教堂尖的石块。”我开玩笑地说。

外尾半夜爬了上去，替我拿了几片。那是二十五年前的事了。

花　街

这次去了“圣家堂”，没遇到老朋友外尾，有点失望，只好留张字条给他。

原设计图的十二座巨塔，也只完成了八座，塔头的颜色缤纷，比我以前看的灰灰黄黄，多了一分色彩。

教堂背后的部分，石雕也多了几座，那些粗犷的几何形线条，和朱铭的《太极》系列极为相似，朱先生有没有看过当地的原设计图，不得而知。

再去高迪在市区中心的公寓，从前这里是办公室，当今已开放成博物馆，参观者可进入其中一家人家，一切摆设按照旧时风貌，让人偷窥二十世纪初期人们的生活。

说到公寓，巴黎市中心的固然很美，但是风格上，还是巴塞罗那特别。以往人民住的都是单独的屋子，很少聚居在一座大厦中。巴塞罗那人喜欢公寓的生活方式，所以对公寓的设计特别有研究。

这和香港人相同，可惜香港的公寓，当今所谓的豪宅，外貌都特别丑。建筑家为什么不去那儿借镜呢？就算画不出突出的，照抄也行呀。

巴塞罗那的公寓都有阳台，也设有防风罩，这和有台风来袭的香港也有共同的地方。

La Rambla[①]是条大道，中间有又狭又长的广场，小贩和卖艺的人麇集。花档很多，我们住在巴塞罗那时，香港的工作人员不会叫这条街的西班牙名，尽管叫它为花街，其实是没有流莺的。

花街上游客最多了，每一个到这座城市的人一定在这里徘徊过，和流浪艺人拍张照片，给几块钱欧元。从前在地上临摹名画的居多，当今已被扮铜像的人占领，一个个身上涂着铜绿色，一动也不动，等你走过，发出叫声，或抱吓你，已不是太有艺术性了。

花街一角，是圣何塞菜市场，走累了，买个水果或喝瓶啤酒解渴，等于把九龙城街市搬到铜锣湾中，是别处找不到的。

---

① La Rambla：兰布拉大街，是巴塞罗那第一条宽敞的大街，又叫“流浪者大街”。——编者注

泰姬陵之旅（上）

久违了，印度。

新德里机场从前常停，到欧洲的航班多经这里，当今直飞，已久不造访。办入境手续时，看到残旧的关闸顶上穿了几个四方形的大洞，摄像机也被拆掉，剩下电线，问海关人员说：“咦，是不是要换新机场？”

对方懒洋洋回答：“等到二〇一七年吧。”

作为世界人口第二大国，又是首都，新德里机场这个门面，的确不能给外国客人留下什么好印象。

从香港到新德里，国泰机在深夜起飞，六个小时后就到达，本来可以像去墨尔本一样，晚上走，早上到，睡一夜，多舒服！但是西飞不同，有两个半小时的时差，抵埗[①]是凌晨四点，路灯又不够

① 抵埗：粤语，意为抵达。——编者注

亮，黑漆漆的，一路看不到什么东西，也许是眼皮盖着的缘故吧。

新德里的五星级酒店真不少，喜来登、香格里拉等，但是说到最豪华舒适，还是比不过印度富豪开的The Oberoi酒店[①]，虽然是半夜三更，但差不多所有酒店职员都出来欢迎我们的旅行团，浩浩荡荡。先喝杯鸡尾酒，再睡觉。

早餐特别为我们开在楼顶上的中国餐厅，从九点半开始，酒店经理说可以给我们多睡一点，我已生活在当地时间，闭一会儿眼，和香港一样，六点钟起身。

自己不睡，也要给别人睡，团体在中午十二点出发去吃午餐，早饭又要等到九点半。既来之则安之，走出酒店散步。左边是一个高尔夫球场，右边有一座很大的古坟，据说是泰姬陵的前身，看了才想到照它的样子建的。

我们这一行的目的也只是看泰姬陵，最新选出的世界七大奇迹中，它没像吴哥窟一样被踢出局。但是印度这个国家声誉并非太好，团友们认为只有跟我来才安全，我也不能辜负众望，向大家说："总之住得最好，饭在酒店中吃，速战速决，四夜五天，看完就走，好不好？"

大家赞成。旅行团就那么组织起来，但是最要命的是拿不到商务舱座位，等了好久，才能办出一团三十多人的。当今印度的

---

① The Oberoi酒店：欧贝罗伊酒店，印度顶级奢华的酒店。——编者注

高科技企业发达，行政人员都抢着坐商务，轮不到团体的游客。

我们的早餐很丰富，中午那顿更是不得了，先来三四道。大家已吃得大叫饱饱时，侍者才说：“这是前菜！”

主菜跟着出，看餐牌，有十多道，正在吃惊，原来每一道只是小小的几口。以下那几顿都是相同的方式出菜，花样多，量少。不过，只要你吃得喜欢，吃得高兴，你选中的菜可以任意加添，添到你喊停为止。

主菜通常是用一个银制的大碟盛着，摆在你眼前，碟的前端有五六个银碟，侍者把各种菜一一添加，在银盘的空位中放一块块的三角印度饼。

饼吃过，就放饭了。印度餐不太吃白饭，多数是把饭炒了，再放进一个小盅中焗出来的，计有海鲜饭、鸡饭和羊肉饭。牛和猪，在印度餐中不出现。

前菜包括了汤，多数是用豆熬出来的浓汤，青菜清汤也喝过，还是前者味道好。再有烤Cottage Cheese①，这种未经发酵的水牛奶酪，在意大利菜中最常用，印度人也喜欢，但它本身无味，要用咖喱等酱料来烹调。

主菜也有挂炉餐的变化，鸡、羊、鱼虾，都摆进火炉中烧烤。鸡肉烤得外表微焦，但肉里还是充满甜汁，是特点。因为新德里

---

① Cottage Cheese：茅屋芝士，是一种用酸牛奶做的软干酪。——编者注

不靠海，鱼虾只是点缀，并不精彩，更没有在新加坡、马来西亚吃到的咖喱鱼头了。

有一道羊肉，是用手剁了又剁，剁到已经不是肉末，而是变成肉酱为止，再用香料煎炒出来，我认为好吃，但大家都说太咸。咸，是一般穷困国家料理的通病，可以多下饭嘛。

大家一致赞美的焗饭，是用一个银钵，茶盅般大，把生米和生肉放在里面，加上汤。钵口用一片生面封起来，再盖银盖，整个银钵在火炉中焗完上桌。

打开银盖，掀起那片已经焗成面包的皮，就露出里面的饭。饭是用印度野米炊出来的，野米瘦长，比我们吃的丝苗长三倍，吸着肉汁。那块肉也被焗得又柔软又香甜，单单这盅饭，我已能当一餐了。

前菜、主菜上过，就是甜品了，一共有三四道。通常有炸过的米糕，浸在蜜糖之中，或者是一条条的米线煮蜜糖和冰激凌等，都是名副其实的甜品，不甜不必给钱，总之甜死你为止。

至于饮品，未来印度之前听到的传说，是一碰到当地水即刻拉肚子，所以有些客人也自己带了屈臣氏蒸馏水来喝。其实酒店有大把矿泉水供应，一点问题也没有。我们这些喝酒的，觉得当地产的Kingfisher啤酒[①]很好喝，酒精又能杀菌，比喝水安全得多。

---

① Kingfisher啤酒：翠鸟啤酒，是印度最负盛名的啤酒。——编者注

整个新德里的交通都很混乱，从一个地方到另一个地方，几里路罢了，也要花上半小时。路旁的住宅，有豪华的，也有临时搭的木屋，印度是一个贫富差距很极端的国家。

在市内的各个名胜走马看花，大家也没什么兴趣，都期待着明天一早要去的泰姬陵。

泰姬陵之旅（中）

从新德里到泰姬陵要多少个小时的车程？

你这么问印度人的话，他们一定会回答：“最多四个小时。”

胡说八道，怎么快也得五小时，有时六个。这段路要穿镇过省，每一个省都有关卡收路费，排起长龙来可不得了。好在我们用的旅行社是当地最高级的，派了一辆车当先头部队，到处排好队付钱，我们一团人的巴士走在后面，顺利过关。

“到泰姬陵有飞机吗？”团友问。

我们的翻译叫Dr. Yukteshwar Kumar，为自己取了一个中国名“金炼烁博士”，是印度德里大学东亚研究系的副教授，普通话讲得还可以。他说：“没有。”

“火车呢？”

“没有。”

“明明知道泰姬陵可以赚大钱，为什么不建一条高速公路？两个地方距离才两百英里[①]。两个小时一定能到。”

“有这个计划，但经过政府一批，胎死腹中。”金博士还是要保持一个博士样，说话比较正经，但是我们的导游就不同了，他没给过我名片，名字很长，说了也忘记，因为他常摇头，我们为他取个花名叫“摇头先生”。

摇头先生有一阵很强的dry sense of humor，只能翻译为“苦涩的幽默感”，笑话阴沉，也不一定好笑。他说：“单单是新德里一个地方，不算小职员，已有五十万个高官。英国人发明了官僚制度，我们印度将它变得完美。”

一路上，我们看到充满了小摩托车改装的的士，黄顶绿身，摇头先生说：“我们叫它‘骨头搅拌器’。”

路途遥远，前一晚又睡得不够，正想瞌睡，司机的喇叭按个不停，又尖又响。摇头先生又说：“当巴士司机很威风的，不按喇叭怎么引人注意？”

的确威风，他的旁边还坐了一个巴士小子，好像一生人[②]就是为了老师而活，他注意着司机的一举一动，学习所有驾驶的技术。

---

① 英里：英美制长度单位，1英里合1.6093公里。——编者注

② 一生人：粤语，意为一辈子、一生。——编者注

巴士转弯够不够到位？他即刻冒着被其他车撞死的危险，跳下来指挥。老师一流汗，马上为他献上冷冻毛巾，无微不至。这小子能那么忍辱偷生，完全是为了要承继司机这个职位。在人口十一亿[①]的世界第二多人的大国中，要找到一份工作，并不容易，他的老师也是那么赚来的吧？

一匹马，拉着一辆车经过，摇头先生说："一匹马力的的士。"

好歹走了两个多小时，到了休息站。所谓的休息站，和日本的相差甚远，卖来卖去还是那几种手信[②]：花花绿绿的围巾、镶大理石的茶杯座、粗糙的银器等。

餐厅中准备了三明治和蛋糕给团友，但大家都不太敢去碰，只是喝杯茶或咖啡。翻译和导游摇头先生躲在一角吃他们的印度早餐：烧饼沾咖喱汁，全斋。我看了也要一份，用手抓来吃。摇头先生看了，带点哲学家口吻说："拉肚子的特权，只是胆小的人拥有。你不会有问题的。"

走出来，有人骑着只大象，另一个弄蛇，都客气地请旅客拍照，大家一举相机，就追过来讨五块美金，不给的话，就不客气了。

摇头先生更是摇头不止："这不是休息站，这是黑店，英国人

① 现已超过十三亿人。——编者注

② 手信：礼品。——编者注

讲的高速道路强盗（Highway Robbery）。最讽刺的是，这条路根本就不高速。”

终于，进入了阿格拉市，泰姬陵所在地，我们也不先去酒店Check-in[①]，直接到The Mughal Hotel[②]里面的挂炉专门店Peshawari[③]吃午餐。挂炉餐最妥当，什么肉都在炉中烧烤一番，任你选择自己喜欢的，要吃多少添多少。

这家酒店美轮美奂，但是比起我们入住的Amarvilas Hotel[④]，就是小巫见大巫了。Amarvilas的建筑把古典和新派流线型糅合得极佳，处处能看到水池，每一个角落都成为一幅沙龙相，每一间房间都面对着白色的泰姬陵。

已经不能等待了，即刻要走近去看，泰姬陵和我从前来时一样，只是加强了环保和安保，从酒店到门口只有几步路，但不能乘巴士，要坐电池车。以为就那么走进去，当今有严密的关卡检查，不能带食物，也没收你的香烟和打火机，据说曾经有恐怖分子宣称要炸毁这个名胜。

大家的心情都兴奋得不得了，走进一条幽暗的长廊，忽然，那座白色的建筑就呈现在我们眼前，而且不只是一座，池子里倒

① Check-in：意为登记入住、（机场的）办理登机手续。——编者注

② The Mughal Hotel：莫卧儿酒店。——编者注

③ Peshawari：译为“白沙瓦里”。——编者注

④ Amarvilas Hotel：阿玛维拉斯酒店。——编者注

映了另一座。

众人在远处拍照时，我走近这一座迷人的建筑，在白色云石[1]铺的庭院中躺下，身体感到一阵凉意，抬头望着那迷人洋葱形的塔顶。名胜，要那么触摸，才有感觉。

斜阳把白色变为金黄，这是看泰姬陵最美好的时刻，另外的还有黎明和月圆的晚上。据说泰姬陵到底是陵墓，并不吉祥，所以在月圆夜晚和情人一起看，会分散的。当今政府已禁止旅客夜游，连一个美好的别离借口也失掉了。

镶在陵上的宝石已被英国军人偷去，但抢劫不了泰姬陵的光辉。我们来了，可以想象到昔日的全盛时期，这是人类学习天堂的最高作品。

如果说宏伟或巨大，吴哥窟可能胜之，但是说到纤细、精致和美丽，世界上再也没有一座建筑比得上泰姬陵。的确是一生之中必游的，旅途上的辛劳扫之一空。

① 云石：即大理石。——编者注

泰姬陵之旅（下）

回到酒店，已入夜。印度政府说资源不足，晚上不照明泰姬陵，从窗口遥望，看不到踪迹。

晚饭安排在游泳池边吃，是一件错误的决定。九月天，还是热的，我们一边进食一边流汗，后悔为什么不搬进冷气房去。如果是年底到年头那几个月，就凉快得多，露天的烛光晚餐也无妨。

睡了一晚，第二天一早又去游泰姬陵。那么远的路，不看个够，怎对得起自己？但是，很多团友认为望一眼已足，还在大睡。

六点四十五分出发，到泰姬陵刚好是开闸的七点钟，天空还是一片紫红色。泰姬陵本身是白色的，颜色依时间变动，从黑、紫、橙到黄金，这时的景象，和晚霞一样，最为美丽。

已经有不少当地导游在兜生意，一般游客为了节省那十块美金，不去光顾，我认为这钱最值得花。第一，他们会带你到最美好的角度去拍照片，像这里是全景，那里可以看到泰姬陵池中的倒影等，要熟悉环境的人才能找到的，既然难得来到，就让人家赚一点吧。

导游还带你走进陵墓中，拿手电筒照着镶在墙上的红宝石，那些没有被英国军人挖掉，剩余下来的几颗，给电筒一照，清澈通透，红得像流出血来。有些是后来补上去的，就像几片死沉沉的红砖，聊胜于无而已。

伟大的沙·贾汗国王，建那么一座白色坟墓，其可歌可泣的爱情史诗，当然被后人不断歌颂。但是，也许各位不愿意听，事实并非如此。

沙·贾汗的老婆已为他生了十几个孩子，爱情拖到那个阶段，也已枯干。建这座东西，完全是为了表现自己的权力，因为，他要为自己建一座更大、更宏伟的王陵，用通透的黑色大理石建筑。

其他的留世大古迹，都是逼无数的军队、苦力和奴隶去建，泰姬陵不同，沙·贾汗是有文化的君主，他请来的都是高薪的工匠，建起来才不粗糙。

细工的雕凿，花掉国家多少财富，白的已经劳民伤财，黑的更是不得了。沙·贾汗的儿子造反，把老子软禁起来，不让他再次胡来。

等到沙·贾汗死掉，儿子残忍地不把他葬在母亲旁边，棺材放在下面一层，而且故意地摆歪了。沙·贾汗一生追求完美，泰姬陵的建筑全部是对称的，从中间的洋葱塔一分为二，左、右边的屋顶和高台一样大小。如果国王、王后的棺木左右搁置，也能完成沙·贾汗的一部分心愿，但儿子就偏偏不肯那么做。可能是心术不正的原因，王朝交在这个儿子手上，即刻一蹶不振，从此由历史上消失了。

吃完早餐就回首都新德里，一路上，交通还是那么混乱。在乡下街道，看到摆着两具尸体，只盖着一层草席。印度的有钱人，死了在恒河旁积一堆檀木，焚化起来。这两个山巴佬，大概是被埋在乱葬岗，草草算数吧？

自己地方的人间灾难也帮不了忙，对异国疾苦，更是感到无助，我只有把听筒塞进耳中，听我带去的录音书。

好歹到了休息站，咦？似曾相识，原来就是我们来的时候停的那间，导游“摇头先生”说：“公路强盗的电影又要上映续集了。”

众人已对纪念品、大象及眼镜蛇拍照不感兴趣，喝了一杯茶或咖啡，继续上路。

住回同一家酒店，团友们又去楼下的高级商店买藏羚羊毛围巾。这种东西在欧洲被禁，海关查到了要没收的，我觉得与其买它，不如堂堂皇皇地选购利马的Vicuna[①]颈项幼毛制品，质地并不差藏羚羊毛多少。

---

① Vicuna：意为骆马、骆马绒。——编者注

专车送团友到市内购物，印度盛产腰果，又肥又大又便宜，还有一种杧果，比 Alfonso[①] 种更香、更甜，众人一箱箱买回香港。

我则去找印度衫，数十年前买的真丝，当今已再也买不到了，它也耐穿，当年购入的几件，至今到了夏天还派得上用场。

午餐在酒店的中餐厅吃点心和小炒，虽然不算正宗，但大家也吃得津津有味，尤其是那碟炒饭，一扫而空。

晚饭则到另一家酒店享用，是把街边小吃高级化，搬返五星酒店的餐厅里面吃。

再睡一夜，清晨五点送到机场搭国泰班机返港。

这次旅行，刚好遇到阿格拉市人群游行，本来还担心动乱去不了，好在没事。旅客吓怕，人少了反而交通畅顺。另外吃的喝的都在酒店里，带去的五箱矿泉水也派不上用场，没有人拉肚子，也没有人中暑，真是谢天谢地，擦干额上那把汗。

“你们的旅行团自称高级，其实是颓废！”也有年轻人那么批评过。但是我觉得人生每一阶段都不同，背包旅行我们年轻时也走过，当今能有一点点的享受，也是应该的，不然不知道那么辛苦挣钱来干什么！年轻人一面骂我们，一面羡慕。大可不必，到了我们这个年龄，你也会享受到，但愿如此。

---

① Alfonso：译为“阿方索”，是印度产杧果品种。——编者注

里斯本

这回是脱离了大队，和友人夫妇及他们的公子，单独从罗马到葡萄牙去。

在欧洲的飞行，三小时算是长的了，好在首都里斯本的机场离开市中心只有几公里，比过往的启德距离市中心还要近，一下子抵达旅馆。

不是一个发达的旅游城市，就有那么一个好处，机场不需要远移，不像在东京那个大都会，到机场车程起码一小时，我每回听到成田，心中就发毛。

葡萄牙一向是一个很少人想去的地方，经欧洲的游客也只是歇脚而已，从中国香港或澳门也没直飞航班，旅行团的广告少见。

但是一到达才知道这个国家的多姿多彩，最先入眼的屋子，外墙多由彩色瓷砖铺上，要是几片的话，就不起眼，但一栋一栋的蓝、黄、红、绿，由不同图案组成，就引人入胜了。如果有位摄影家把里斯本市内房子瓷砖都拍了下来，集成一册，亦可成为一本极有艺术性的书籍。

和罗马一样，整个城市有七座山包围。不同的是，房屋都建筑在山中，由顶上望下，一条直路，通达到海边，数里长，一望无际。

几乎到处都可望海，在一边，有座大桥。咦！看起来怎么和旧金山的金门一样？原来是同一家美国公司设计，但比旧金山的长得多，又分两层，上面行汽车，低层火车经过。

桥的另一方，站立着高入云层的耶稣像，令人想起里约热内卢的那一座，也回忆起葡萄牙人光辉年代时，巴西也是他们的殖民地，当地人到现在还用葡萄牙语。

它由拉丁文变化，甚为深奥，懂得讲葡萄牙语，就会说西班牙话了，相反却不行。但是游客都涌进西班牙，就是不到它的邻居。两个国家，葡萄牙人没西班牙人的热情，比较拘谨，在文化与经济上都落后。

但是在海上抢劫年代带来的财富，从种种建筑中显示，不去葡萄牙，人生会感到可惜。

古城奥比都斯

从乳猪镇[1]回里斯本的路上，经过一个叫奥比都斯（Obidos）的古城。

虽没万里长城那么长，这里的城墙也有一千多米，自从十一世纪建来防御阿拉伯人的攻击，保留至今。

很少见过一个那么完善的城堡，当初拍成龙的戏，要是找到它，制作费可能便宜许多。葡萄牙物价，加入欧盟后贵了一点，但与其他西欧国家一比，还是便宜的。

古城的居民多数以开酒吧、咖啡店和卖纪念品为生。男人穿着古代服装，小女孩扮成精灵，头上冠花，非常可爱。

城内房屋建筑得很有特色，有的改为开店，有的还是住人，

---

① 乳猪镇：指梅阿利亚达（Mealhada）镇。——编者注

一大丛紫色花朵爬在墙上，美不胜收。

这里出名的有一种叫Ginjinha[1]的酒，用樱桃浸的，很甜。喝时由冰箱取出一盒杯子，一个个小杯，朱古力制成，喝完了酒连酒杯也一块吃进肚，甜上加甜，非常有特色，别的地方找不到。

口渴，小精灵们在街上卖矿泉水，才五块钱港币，公路上的休息站，可要卖到十几块了。不买矿泉水的话，可在广场喷泉中汲取，清澈无比。这个古城有一条三公里长的水道，样子像火车桥，把山中的水引了进来。

还是酒比水便宜。走进一家酒吧，老板毕生收集各国的小酒版，共有几万瓶，这可是不卖的。桌上摆着一大樽Ginjinha，客人只要付一点钱，就可任喝。

到了傍晚，大家都坐在露天餐室中看星星，喝Ginjinha，无忧无虑，大家都不去想明天的事，环境又那么幽美，也有家得到世界旅人推荐的小酒店，才七八个房间，是个度蜜月的好去处。

来到里斯本，一定要去奥比都斯古城走走，到过的人，没有一个说不值得。葡萄牙有很多古城，这一个最好。

---

① Ginjinha：译为“吉尼亚”，一种樱桃利口酒。——编者注

蓝色多瑙河

翌日，又飞十多小时去瑞士苏黎世，再转两个小时的欧洲内陆机，回到刚刚来过的布达佩斯。

为什么两个行程靠得那么近，先后不到一个月呢？第一次是为了拍电视节目，这次带旅行团，一早安排好，不能改期。

好在机场没有成田那么远，离市中心不过三十分钟。欧洲的飞机又是晚上出发，抵达目的地是一早，虽有时差，但感觉上等于睡了一晚，并不太过辛苦，飞北美或南美洲，时间就颠倒得厉害了。

我们入住的四季酒店，面对着多瑙河。一提到多瑙河，旅客都以为只流过德国，其实它流经十个欧洲国家，四个首都。

酒店门口围满了人，当然不是因为要欢迎我们。原来这几天滚石乐队来匈牙利表演，也住同一家酒店，电视台摄影队杀到，纷纷采访。好在我们一行也没有偷情的男女，不然就成为离婚的呈堂证据了。

安顿好房间后就往外跑，第一站要先带大家到山顶，从皇宫俯望整个城市，才有一个概念。布达佩斯是由布达和佩斯两个城市联合起来的，有山的这一边叫布达，平地的叫佩斯，中间隔着一条多瑙河。

多瑙河（Danube），英语读为“丹纽儿”，为什么中国人译为“多瑙河”？其实从德语翻出来，发音近于“多瑙”。

“一听到多瑙河，脑中就出现了约翰·施特劳斯的名曲《蓝色多瑙河》，但是现在看到的河，并不是蓝色。”团友感慨。

“有三种情形之下，多瑙河是蓝色的。”我解释，“第一是戴了蓝色的太阳镜；第二是给蓝天反映，河变为蓝。”

“第三呢？”有人追问。

“当年施特劳斯作这首曲时，河流也已经浑浊，有人也问过他为什么多瑙河不是蓝色，他回答道：如果喝了一升的酒，多瑙河的确是蓝色；要是喝了两升的话，你要多瑙河是什么颜色，就是什么颜色！”

沙漠酒店

距离市中心一个小时车程，已是沙漠。

四驱车可载七个人，司机问要刺激的，还是不刺激的，我们一团分数批，前者在沙堆中乱窜，像在坐游乐园中的过山车，后者也相当惊险，来到一个大营帐。

先是骑骆驼拍照，后围着营火吃烧烤，间中有肚皮舞娘表演。

我们入住的是Bab Al Shams Desert Resort & Spa[①]，由帆船酒店同一个Jumeirah集团[②]经营，当然又是最高级的。

一切由金钱堆积，在沙漠中建出土著泥屋，入口平平无奇，大厅也不大，但是一走进去，就像个迷宫，这里一栋，那里一栋，

---

① Bab Al Shams Desert Resort & Spa：巴卜阿尔沙姆斯沙漠温泉度假村。——编者注

② Jumeirah集团：卓美亚酒店集团，始建于1997年，2004年成为迪拜控股旗下一员。——编者注

起初没有人指示，真的找不到自己的房间。

室内宽大，家私木造，灯光故意弄得幽暗，很有住在沙漠中的气氛。有些团友会欣赏，有些觉得不值那个钱。

整间酒店可以让你去探险，一转角，又是柳暗花明。无数的棕榈树包围的，是一个巨大无比的游泳池，没有边缘的设计，池水溢出，这是沙漠中最豪华奢侈的事。

沙漠建筑，天台却是平坦的，客人可以走到餐厅屋顶上去晒太阳。不仅骑骆驼、抽水烟和肚皮舞的娱乐，可以在酒店中找到，如果你有兴趣，还能打一场高尔夫球呢。

早上，这里烟雾弥漫，虽有神秘感，但是我想拍照根本看不到东西。侍者走过，微笑道："不到十分钟，雾就散了。"

不出所料，一下子青天白日，阳光灿烂，已到出发时间了。在沙漠，最大享受是晚上看星星，上次来到，感叹星星有坠地之多，大概是城市之光已笼罩了过来。迪拜的天空，已被繁荣弄得失色了。

翡冷翠

佛罗伦萨是英国人叫出来的名字，为花的城市。从意大利文的发音，就接近徐志摩译的“翡冷翠”，解释给一位小团友听，他明白了。

这个城市的恩人是发明了药丸的美第奇（Medici）家族，有了他们，才有文艺复兴，英文的药品Medicine，也因此而来。

象征翡冷翠的米开朗基罗的《大卫像》，雕于一五〇一年至一五〇四年，完成那年，米开朗基罗才二十九岁。《大卫像》一共有三个，原来放在Palazzo Vecchio[①]广场的已放进博物院，怕它风化，当今那个是复制品，还有一个企立于山上的米开朗基罗广场。

团友们只有机会看到两个。

我们一早散步游城市的一角，到了大教堂Santa Maria Novella

---

① Palazzo Vecchio：维奇奥宫，多称为“旧宫”，曾是佛罗伦萨的市政厅。——编者注

广场[1]，想找那家卖牛杂的大排档，还没有开。我在附近的酒吧喝杯东西，团友要做的，当然又是到名店街购物。

走去街尾的Ferragamo鞋子博物馆[2]看了一下，这块牌子在翡冷翠最响，香港人嫌名字太长，俗称为“飞甩鸡毛”。

从古至今的鞋子款式，都被政府登记为文物。从前的鞋，也比当今的高贵，有些是用细链组成，穿上等于是透明的鞋子，令人叹为观止。要是把这些设计重新制造，也会重新流行。鞋子像食物一样，若能复古，已经吃个不完，不必创新做二流货色。

Ferragamo除了制鞋，已是一家著名的时装店，它还产酒，我们去参观他们的酒庄，大喝一轮。再到附近的古城一家酒庄专营的小餐厅，吃得不错，酒则太新，再过二十年大概会好一点。

综合团友们的经验，购物还是翡冷翠舒服，虽然不像米兰的拿破仑道或罗马的西班牙阶级[3]那么集中，但是该市生活悠闲，售货员也很有礼貌，到底都市一有文化，人的素质就高了起来，买时装时的气氛，大家也不像在别处那么“穷凶极恶”。

依依不舍离开，都说会再来。

---

① Santa Maria Novella广场：圣母玛利业教堂广场。——编者注

② Ferragamo鞋子博物馆：菲拉格慕博物馆，展出菲拉格慕去世前制作的10000双鞋子模型。——编者注

③ 拿破仑道：指蒙特拿破仑大街。西班牙阶级：指西班牙大台阶。——编者注

第二章

边走边吃

对于吃，广州的选择真多，时有让人惊奇的餐馆出现，这次去了一家“茅山食府”吃全猪宴，店子躲在小巷中，菜精彩得不得了，真是藏龙卧虎。

大连印象

飞机降落，大连机场很新，但并不先进，只有两个直接停泊走道，其他飞机的乘客都要乘破落的巴士。

百多人的乘客，通关处只有三行，大家排长龙。我们一行在港龙大连首席代表蔡丰婷小姐的特别安排下，免受等待之苦。

从机场到市中心的酒店只要十多二十分钟，一路上看到的新建筑很多，住宅单位林立，人民的生活质量正在提高。衣着还是朴素的，不像珠江三角洲那么光鲜。

和所有的大陆都市一样，大连也被污染的空气笼罩，一切没有周华健兄形容的优美，但比起北京、上海、广州等地，还是干净的。

前来迎接的旅行社小巴士很舒服，导游小姐介绍自己："叫我阿华好了。"

“董建华？”我们打趣地问。

“不。”她笑了，“刘德华。”

从此我们就“刘德华”来、“刘德华”去称呼她。“刘德华”把大连做一个简短的介绍，她的声线抑扬顿挫，不带讨厌的口头禅，听了不令人昏昏欲睡。

“大连的女孩子是全中国最漂亮的。”来之前听金庸先生说。

“刘德华”样子过得去，胜在年轻活泼，态度亲切，最重要的是不造作。

我们这次旅行没有行程表，前后满满四天，随心所欲，轻松得很。

下榻的香格里拉酒店，五星级，有一贯的服务水准。

香港早上八点出发。港龙机经三小时左右飞行，抵旅店是下午一点，刚好是中饭时间。

“到哪吃东西？”我问。

“去酒店二楼的香宫。”

我一听到香宫就皱眉头，为什么老远跑到大连来还要吃粤菜呢？

原来这顿午饭是大连香格里拉的经理请客。勉为其难，就到了香宫。

好在这段时期正在做四川菜的宣传，没有粤菜鱼翅、鲍鱼等单调的东西，还吃得过。

“你们这次的目的是什么？”经理问，“可以替大家安排安排。”

“非常明确，”我说，“不打高尔夫球、不观光，一切是吃、吃、吃。”

经理即刻把总厨请了出来。

“要吃什么东西？”他问。

“来大连就吃大连东西，地地道道，不要花巧。”

“这点倒有信心。”他说。

“你先替我们准备一锅热烘烘的白米饭。”

“好！”这要求太容易了，他爽快答应。

“明天一早我到菜市场去买几斤海胆回来，剥了壳铺在饭上；加酱油及山葵当早餐。”

“唔。”他想起来也有点意思。

吃了早餐去旅顺一游，途中有间海鲜菜馆，可以一试，他建议。

晚饭则是回到大连吃河豚。

“上次去黄河边的一个小镇吃河豚，村主任叫厨子出来先试，过了三十分钟，看他没事，才叫我们举筷。”我半开玩笑说。

“日本每年吃死一两个人，大连从来没有发生河豚中毒案，请放心。”他笑了。

第三天的行程是一大早由总厨陪我们到菜市场，看到什么新鲜做什么，晚餐就在香宫烧一顿他最拿手的大连料理，中餐去试一家传统的农家菜。

把第四日留空，看这几天还听到什么好建议，再填补进去。不然到街边吃大排档，也是乐事。

大家拍手赞成，这顿中餐，食物平平无奇，但是很有建设性。

中饭时侍者问我要喝什么啤酒。到任何地方去，喝当地的，最具代表性和最新鲜。

黑狮是新牌子，英文叫Lowen，应该是和卢云堡合作的，或者抄袭德国货的东西，平平无奇。另一种老牌子味道也淡，但有一个奇怪的名字，叫棒棰岛。

棒棰岛建设了一个很大的高尔夫球场，并有欧洲式的建筑让客人住，铺满的幼草地上摆些猪羊牛之类的水泥塑成的动物像，没卡通人物好玩，当写实也太俗气。

远处传来一阵海腥味，大连和旅顺，海水味道都极重，大概是种满了海带、海草之故。

如果你以为大连环海，夏天可以在海滩的白沙中散步，那就错了。海滨是岩石滩，沙滩也好，碎石滩也好，都是些碎石，能游泳就是，可惜和世界上大多数的海一样，已经污染，不是清澈见底的。

折回酒店途中听说有什么地方可做脚底按摩，这玩意儿流通神州，司机介绍说有一家是日航公司指定的若石神父[①]系统的铺

---

① 若石神父：指吴若石（Josef Eugster），生于1940年，天主教白冷会神父，瑞士人。著名健管家，2001年出版《吴若石新足部健康法》，引起极大轰动，被称为“脚底按摩之父”。——编者注

子，就在棒棰岛附近。走去一试，地方套大连人的流行话，有点“脏样”。功夫还好，乡下来的小子力度大。价钱比珠江三角洲的贵一倍，一百块人民币，敲日本人竹杠吧。

晚饭在中山广场的大连宾馆吃，这家古老的建筑像上海的和平饭店，走廊长而阴森，房间很大，少了爵士乐队。

食物普通，已没印象了，记得最深刻的是上了两道菜时，即有水饺，途中又出现拔丝，不像南方人那样小食、汤、主菜、面点、甜品之分，什么东西都一二三上桌，是大连的特色。

第二天一早我们不吃早饭，先到荣盛市场去买菜。这街市建于地库，活鱼活虾最为丰富，蔬菜种类较少，水果有些已是外国输入，像山竹等，荔枝则由广州运到。

我们的目的是来买海胆，黑颜色长满长刺的卖三十五块钱一斤，买了七斤，后来看到褐色短刺的，才卖六块钱一斤。

“有什么分别？”我们问。

“这是浅海的，黑色是深海的。”小贩说。

又看到有种蛏子，又大又长，像古老剃刀，怪不得洋人称之为“剃刀贝（Razor Blade Shell）”，但肉是鲜红色的，像赤贝，从来没看过，也买了三四斤来试试。

把东西拿到香宫的厨房，请大师傅们清理。如果你不是专家，那十斤海胆够你瞧，剥壳就要剥个一二小时，而且刺得满手是血。

大师傅已为我们炊好三种饭："丝苗、本地米和两沟[1]的，要哪一锅，任选。"

当然要了大连米，黏性较佳。海胆上桌，一共有三大碟。

先试浅海海胆，三斤分量和那七斤的一样多，可见浅海比深海的要肥一倍。

香甜得很，在香港已当成极品，再吃深水的作比较，一比就比了下去。

深海海胆第一很有光泽，第二很干身，第三味浓。据说浅海的一摆，就出水。

不管深水或浅水，一大堆地铺在热饭上，淋酱油和山葵，大家吃得饱得不能动弹。

再吃红色蛏子，油爆得太老，肉有如橡皮筋那么硬，吃了一块就放弃了。

起初还以为十斤海胆不够九个人吃，后来还剩下很多。海胆当早餐，真是吃得豪华奢侈，我们大叫。

当地人听了懒洋洋地说："我们早餐，把海胆放在豆腐花上吃，才不会太饱。"

吃过早餐上路到旅顺，大连和旅顺是分不开的。大连人当旅顺是大连的一部分，其实是两个完全不同的地方。

---

① 两沟：粤语，意为两种掺杂。——编者注

大连活泼，充满生机，旅顺则相当沉寂。

来之前已经将旅顺的观光点“日俄监狱旧址”删掉，但是经过一个多小时的车程，大家要上洗手间，还是去了。

我说撒泡尿就走，但也要经过监狱院子，看到一个深坑，说明小板上写的是“犯人泡菜处”，想起当年被关在这里的人，种了菜就往这坑一埋，撒上盐，一年到头就只是吃这些东西的情景，还是愈早离开愈好。

大家只记得南京大屠杀，但早在一八九四年的甲午战争中，日军已侵入旅顺口，进行了惨绝人寰的二万人屠杀，后来清朝派员顾元勋树了碑石，题写“万忠墓”。一九〇五年日俄战争结束后，日军又二次侵占旅顺，为掩盖罪行，一再想平毁它，可知篡改历史的事，早已是他们的拿手好戏。

总之旅顺是阴魂不散之地，它的特点在于海产非常的丰富。

路上可见一大卡车一大卡车的海带载往各地，海带是渔民用很多条深入海中的钢缆，探取后挖上陆地，一大堆的，远看似废铁。

海面密密麻麻地树立棚架，作为养珍珠之用。

湾上有几家海鲜店，中餐就决定在这里进食。海鲜种类多得不可胜数，其中印象特别深的叫“海怪”，原来是从壳中拉出来的寄生蟹。只见两只大钳子，拖一条柔软的尾巴。吃时先从尾巴下手，全条充满蟹膏，再将钳壳敲碎，食其肉，比普通的螃蟹钳鲜美。

还有海肠，是蚕形的海蚯蚓，甚肥大。当地人把肠中内脏去掉之后，剩下肉拿来炒辣椒，叫为胶管，样子也像，硬度也像。

中苏蜜月期，旅顺立了很多碑塔，纪念苏联的友好。中苏友谊塔游客不绝。

一旁种的松树，品种很特别，最能御寒，南方少见，样子和自由女神手上拿的那把火炬相似，树尖还歪歪斜斜，像风中的光焰。

一排排的小贩摊子，数十家，但卖的东西完全一样：干海参、咸鱼、鱿鱼、廉价珍珠串、各种海带等。被挤在大排档外的独立小贩们分两种，卖瓜子的和卖波螺的。

推着小车，车前摆着一包包的瓜子，小袋和大袋，车后是一个很小的人工煎炒器，把瓜子放进去，四壁加热，上面有一个弓字形的把手，小贩将它团团转炒香瓜子，非常原始。

瓜子用的是向日葵子，尖尖的，像粒丝苗米，就算小包的，也有上千粒，要花多少人工才能剥出？内地有的是人工。

向小贩要了一包小的，卖两块钱，便宜呀便宜，正在感叹时，一转身，另一名小贩争生意，才卖一块，唉。

尖腚波螺相信所有的大连儿童都吃过。盛产于泥中，一挖就有。干炒一下，是最佳的免费食物，在没有糖果的年代，有什么东西好过波螺？

只有一颗小螺丝钉那么大，一包上百粒卖一块钱，本来不想买，怕海水污染，但是给那个塑料包中的汽水盖吸引了，做什么用？汽水盖中打了一个小洞，吃时把波螺反过来将尖端插进去，用力一压，折断尖头，就可以从尾部把那粒小得不能再小的螺肉吸进嘴，细嚼之下，还是很鲜甜的。

后来在餐厅中也看到用波螺肉做的冷盘，这次至少几千粒，问侍应这碟东西是什么名堂，她回答说是一粒粒挑出来的螺肉，故叫“功夫菜”。座中有人说会不会是叫几百个人吸啜后吐出来的呢，大家听了都不敢动筷。

受日本人统治过的大连，去之前大家都说有很多日式建筑物，但到了才知道大多数已经拆掉，剩下的是中山广场的“大连宾馆”和这家叫“人连人名”的日本餐厅吧。

前者的日本旧名叫大和旅馆，读者走了进去，有如身置筑地，我们当晚前往，完全是因为要去吃河豚。

师傅将河豚片成刺身上桌，我看了摇摇头。很薄地铺在透明的玻璃碟上，便看不到肉，用青蓝花纹的瓷碟，河豚肉薄见底才是正统。

又有烧河豚和河豚火锅上桌。四条大鱼，九个人吃，应该够了，但叫菜时肚子饿得咕咕叫，看到水箱中有一尾游水大红鲷，众人好奇地捞起抱着拍照片，就连它也要了。

一称，有十四斤，十四斤就十四斤吧。有四种吃法：肉刺身，留一部分做天妇罗，头红烧，骨熬汤。

怎么吃也吃不完那么多，还贪心地叫一尾大活虾盐烧，最后把那些吃剩的鲷鱼刺身也倒进锅中灼熟，汤汁更鲜美。

这时把饭倒进去，煲它一煲，再打大量鸡蛋煮粥，完成，熄火，撒上葱花。

是一煲完美的粥，众人又连吃三大碗，虽然口中还是嚷吃不下。

四尾河豚共四斤，加上十四斤鲷鱼，一共十八斤肉，每人平均二斤，就算减去骨头，也够呛的。

在大连人的眼中，我们这顿饭吃得穷凶极恶，但算一算，也只是香港价钱的三分之一，在日本吃的话，单单河豚已更要贵出数倍来。

到了大连，有兴趣吃一顿日本料理的话，可到“大名”试试。

第三天一早七点整约了香宫的大师傅赵先生在大堂等候，一群人浩浩荡荡去菜市场买菜，回酒店烧一顿中饭吃。

菜市大得不得了，有十个，甚至有二十个九龙城街市大吧，分海鲜、蔬菜、肉类、水果和干货几个部分。

赵师傅四十多岁，非常老实。每到一档都要小贩们减价，选活海参时，还用手大力挤，像连肠也要挤清才作罢，再叫小贩称斤两，付了钱，拿收条，以示清白。

我们看到什么稀奇的材料都叫他买下，每一次赵师傅都问：

"要怎么煮？"

每一次我们的答案都相同："照你妈妈教你的做法煮好了。"

多种材料都买齐了，除了地瓜粉，这是北方人的主食之一，街市中到处可见，做得像方桌一样大的一块块，啫喱状，深绿色，我们看起来都是一样，但赵师傅一直摇头嫌不正宗，大声叹气。

将它刨成细条，淋上酱油、芝麻酱、葱花、蒜蓉、辣椒、芥末、香菜等等等等数不清的配料，凉拌了天下美味。

街市旁边是一家地道馆子"王麻子海鲜楼"，招牌画着一个巨大的麻子脸人物，很容易认出。早餐就在这里解决吧。

三鲜饺子其实像锅贴，但皮加了蛋，呈黄色，一排排每碟二十个左右。馅中有海参，才能叫三鲜。另外再要了一桌子的食物，现在已经不能一一记得清楚，但每一味都没吃过。

在菜市的熟食档中看到了葱油饼、山东大包，又买下在餐厅吃，徐胜鹤还选了一只大卤鸭，十四块钱，斩件了一齐上桌。

当然，最后还来一大碗海胆捞豆腐花，这早餐，是近年来最丰富的一顿。

说到购物，出名的是大连刺参，都非专家，那么贵的东西要是买到假货，不如在香港相熟的店铺购入。虽不便宜，但也安心。

港龙的高层蔡小姐就买了很多刺参回香港给她妈妈煮，一浸水，黑色的皮都剥脱，剩下小白参，吃好呢还是不吃好，哭笑不得。

我们到一家叫作友谊商场的大超市去，主要是买矿泉水，由世界各地运来的百货齐全，但并不一定卖得出，从架上拿下来的东西，一定要看食用日期是否超过。所谓超市的名称，也许是从这里来的。

看到山楂饼，一大堆放在橱窗中，买回到酒店，阳光下才发现有点点的斑迹，发了霉。最后连真空包装的其他小食，不管超不超期，也一齐丢到垃圾桶里。

后来又到一家书画店，买了很多罐acrylic颜彩来画领带，acrylic内地叫“丙烯”，香港叫为“乳胶漆”，是英国Winsor & Newton[①]在天津生产的。画画的原料，买者渐稀少，再不到人工便宜的地方制造，恐怕要关门大吉。

最后去了新华书店，好大的一座建筑，买了些线装书，现在《水浒传》《三国演义》都出线装本了，我最喜欢。卷着看，字大，适合老花的人。金庸先生作品的线装本不知何时完成，到时候躺在酸枝贵妃椅上重温，发达了。

对大连新华书店最深的印象，还是同一座大厦里有新华舞厅，供客人跳交际舞。跳舞和读书说是格格不入，亦无有不可也。

---

① Winsor & Newton：温莎·牛顿，世界知名颜料品牌，1832年由威廉·温莎和亨利·牛顿在英国伦敦创建。——编者注

赵大师傅做的家常菜，一流。疙瘩汤是将所有的海鲜都加进去的大杂烩，鲜得不能再鲜，据称这道汤是受韩国菜的影响。

在大连宾馆吃到的酸辣乌鱼蛋汤，乌鱼的蛋切得太薄，以为是粉皮，真正的乌鱼蛋味甚美，有咬头，只有宁波人以它入菜。

老酢赤贝和螺头的凉拌为头盘。红烧游水海参和晒干的海参完全不同，吃出原味。还用海藻来包包子，也是南方人想不到的。

带鱼在大连产的特别好吃，煎它一煎便能上桌。除了海鲜，赵师傅还做手扒排骨的肉类菜，最后的甜品地瓜拔丝，更令众人赞不绝口。

香格里拉酒店中的香宫，一向是做粤菜，如果你下次到大连，可请他们特别为你安排一顿当地佳肴，比鲍鱼、鱼翅更好吃。

饱了，已没什么事可做，最好还是去按摩。前一个晚上我去酒店对面那家，问服务小姐这里是不是最高档的，她摇摇头，老实地指我去一家“依斯特”。

我们男男女女一群冲上世纪街上的依斯特休闲娱乐中心。男女宾客入口各异，换了浴袍后到休息室，则是男女共用的。

设施有桑拿浴、蒸汽浴、再生浴、温水游泳池、音乐广场、麻将房、卡拉OK、商务中心、会议室和美容形象设计，并加了像棺材式的热能震动按摩器。

客人可以在房内，或在大厅做头部、全身和脚部的按摩。年轻的按摩师穿梭，像出现了很多个巩俐和利智。美女在街上看不到，都跑到这里来了。

心痒痒的话，可走进深处的贵宾室，听说设有的冰冰火火的服务，也许是由澳门传来，或者是大连发明了传过去，我没试过，不知。

讲了那么多有关大连的，就来一个总结。了解大连这个城市的结构，方向就会搞得很清楚。

当年，俄国人想把大连建为东方的巴黎，就在市中心建设了一个圆形的广场，像巴黎凯旋门，放射出十条街道来。

本名叫尼古拉耶夫的广场，现在改为中山广场，而中山路是主干，像香榭丽舍。

交通从不阻塞，市容很干净，清道夫多，人民也自发性地清理。

大连的旧俄国和日本建筑已拆得七七八八，代之的是高楼大厦，但许多住宅单位，好像是空着没人住。问起香港的地产界人士，他说："大连的城市建设，构思很新、很理想，但是没有一条明确的路线。工业方面，日本人来开厂，不过路途比珠江三角洲远了，运费加重。地产方面，香港人则来投资，不过当地人的消费力还是不强，我们有很多房子卖不出。至于旅游方面，有许多条件还是不足。"

大连人一向有日出而作，日落而息的生活习惯，各商店食肆最多开到九点就关门。我们嚷着去吃消夜，导游吴小姐难于有什么好地方介绍，其实要找起来还是有的，像王麻子的早餐，也要努力发掘。

我们这次旅行是受港龙旅游助理经理钱美仪邀请，她先生是国泰航空的高层，也同行，另一个主人是tom.com旅行部总经理李瑞芬和她的助手桑尼亚。星港旅游老板徐胜鹤及千金徐燕华和我做客。查传倜夫妇作陪，都是旅行惯的人，谈起来特别投机，都想组织些旅行团，为大连的旅游业做一些事。

大连旅游的条件不足，但我们还认为是值得去的，当然不只是吃海鲜那么简单。

最令人舒服的不是地，是人。

在街上散步，你会看到人民的表情是那么的安详。

在香港中环、尖沙咀一走，游客们会发现香港人不大微笑，神情也颇为紧张，大家绷脸匆忙赶路，不瞅不睬。

一个人入夜在深圳街上走，是不安全的，香港客都有这种印象。大连的治安绝对没有问题，也无群乞的骚扰。

我们一群人坐面包车到处游玩，看到食肆就跳下，贵重东西放在车上不必提防。身上最新型的小摄像机，最多带来羡慕的眼光，没有占有的意思。

保守的大连人当然不会自动与你攀交，但如果向他们问路，都有明确的指示。此行所遇到的大连人，态度都是和蔼可亲的。

最具代表性的应该是在中山广场的群众吧，白天很多人在踢毽子。踢东西似乎是大连人的专长，足球队也是全国顶呱呱的。大连人对足球的疯狂，不逊欧洲。

小贩卖的都是毽子和肥皂液，后者让儿童和少女们把玩。

到了晚上，广场大放光明，播出音乐，让大家跳交际舞，这是最受大连人欢迎的娱乐。单纯而可爱，绝对没有罪恶感。

大连街灯也很特别，一盏一百零八个灯泡。

到大连之前，最好学习几个流行语，较易融入当地社会，像说“好”，用“爽”代替；举杯时，说“走”好过说“喝”。

我现在明白周华健为什么那么赞美大连，其实他爱上的并非名胜、建筑或饮食，他爱上的是大连人。由他的推荐，我去了大连，也爱上了大连人，现在推荐给你。

青海行

星期一香港电台《晨光第一线》的曾智华照例打电话来找我做节目，每次第一句话总是："你在哪？"

"西宁。"我说。

"西宁？"他即刻去翻地图，找了半天都没找到。

让我们来重温一下地理课吧。西宁是青海省省会。青海省又在哪？就在西藏北面。

这么解释大家的印象还是模糊。昆仑山总不会不知，它横贯青海的中部。

再说青海的威风，长江和黄河都是由青海发源的，青海湖也是中国最大的内陆湖。

地广人稀，七十二万平方公里，人口还不及香港这块弹丸之地多，只有五百多万人。

住民由汉、藏、回、土、撒拉、蒙古、满及哈萨克等民族组成，最常见的还是汉人和藏人。

从香港没有直航班机，要由广州白云机场飞过来。好家伙，一飞要飞三个多小时。

从窗口望下，山脉高耸、河流纵横、湖泊棋布，气流很不稳定，下降之前多次把飞机拖起，客人呀呀声传来，我已和老酒结伴，随它去也。

降落，那么大的机场，只有我们一架飞机。

从机场到市中心才三十多里路，还没开发的都市就有这么一个好处，像巴黎、伦敦、东京，距离最少一小时。

到处施工建设，一路风尘滚滚，坐在面包车中，也闻到沙尘味。九月天气十八度左右，又不到开暖气的时候，开窗更糟糕，闷在车里，唯有强忍。去一个陌生地方，呱呱叫、抱怨，自寻地狱。忍，是美好旅行的开始。

现在内地正在大喊开拓西部的口号，西部？美国开荒的印象即刻油生，但是我们这几个从香港去的客人，坐在面包车里，怎么想象，也不会是骑着马、身带六颗子弹手枪的牛仔。真是好笑。

“西宁有什么好吃的？”曾智华听到我来西宁后，吃，当然是第一个问题。

晚饭被当地主人招待到一家港式粤菜厅。从前会一肚子气，但现在已处之泰然，异域的中华馆中，总偷偷地添了一两种本地菜，像马来西亚的，有所谓的马来风光，通菜炒马拉盏。

我们要了一个葱爆羊肉和羊肉汤，来几碗白饭，不去碰鱼翅、鲍鱼，不就得了？

但老是客套并非办法，向主人坚持下去绝对要吃当地东西，终于在第二天达到目的。

没有吃过的还有柳花菜，样子和口感都像新鲜海藻，它是生长在柳树和白桦树皮上的菌类，只有在高山才能采到，和发菜一样珍贵，通常是凉拌来吃，加上芥末，很可口。

雪山驼掌吃的是骆驼脚底的那块肉，其实像牛筋，没吃过试一次算了，不会吃上瘾的。

间中[①]忽然出现一小碗麦仁，取麦粒熬成糖水，冷食，有点像西餐中的雪葩嫩口。

甜品的酸奶，有如广东双皮奶，炖得酸酸甜甜，很特别。

主人请喝热酒，我说一瓶喝不完，结果来了一个二百五十厘米的塑料包，像治发烧的冰袋。其中装的是青海著名的“青稞酒”，用高原特产的青稞为原料，说饮后头不痛、口不干。试了觉得没有五粮液的那股味道，不过说不头痛，是骗人。天下有哪种酒喝多了不头痛的呢？真滑稽。

在西宁第一晚住的是青海宾馆，当地人说这是专门招待贵宾

---

① 间中：广东方言，意为偶尔。——编者注

的。据称当年毛泽东主席说要来，准备了一张大理石的椅子让他坐，结果没有来成。

房间很宽大，楼顶十几二十英尺高，最显眼的，是摆在柜台上的那部蒸馏水器，像办公室用的那么大，连续下榻的旅馆，每间房都有这么一个怪物，叫“安吉尔”牌。

本来有发热线，可从蒸馏水器倒出滚水沏茶，但当晚电线没有电，喝不到热水。房间又奇冷，被单不够厚。

半夜头脑钢钢钢作响，心跳得很快，这里海拔两千多，是高山症在作祟，想起身写稿也写不成，连吞两颗散利痛，眼光光挨到天明。第二天即刻搬到青海宾馆前面的宾馆，但晚上照样那么冷。

问经理，回答说：“暖气要到十月十五日才开，一年之中，只开六个月。”

西宁的酒店，都只有三星级，住满了游客。

我们这一家三楼有卡拉OK和桑拿浴室，地下室又开了另一家，没有时间去看。

早餐是自助式的，有稀饭、咸菜、熏牛肉、白切羊肉片等，说不上好吃，看见有牛奶，喝了一口，并不鲜甜。豆浆淡出 × 来，还有一股异味。

进楼梯时已有人半路拦截，出示卡片，原来是卡拉OK的宣传，说浪漫的气氛、热情的服务，使你流连忘返。

此行目的是考察藏药。

在高山和草原上亲眼看到了冬虫夏草、七叶一枝花、三七和旺拉草等名贵药材。雪莲一点也不似莲花，毛茸茸的，有如盖满了蜘蛛仔的野草，并不像武侠小说中描述的漂亮。

街市中到处卖麝香和鹿角，发菜、红枣和枸杞子更常见。牦牛的干鞭，乖乖不得了，至少有四五英尺长，大概是因为牛身巨大，鞭不长，莫及也。

藏药有两千多年的历史，藏医的手术仪器更是多不胜数，无奇不有。当今国际医药界都前来研究藏药，药浴更是被公认为极有效用的治疗方法，尤其是对皮肤病。

公元八世纪，著名的藏药师宇妥·元丹贡布完成的《四部医典》是奠基性的记录；十八世纪帝坞尔·丹增彭措在青海东部等地研究了二十年，写了《晶珠本草》，为藏医医学经典。

文字到底无法表现形象化，西藏人把这些著作画成图画，叫作“曼唐”，一共有五千幅，是世界上任何体系的医学所无，人体胚胎学的曼唐，为古代最早。复杂的骨科、眼科和耳科，也详细画在曼唐中。

我们去参观当地的药厂，到达时接受贵宾级接待，一条白丝巾围绕颈，喝三杯酒，饮前先用无名指沾之，然后向上、左及右各弹出酒滴，祭逝世好酒之人，我很喜欢这个风俗。

最大收获是对冬虫夏草的认识：外形必为虫状，双边各有数对脚，清清楚楚，绝不含糊。虫尾拖一条像草的尾巴，尾巴无药效，只增加重量，长的多是西藏的，短的才是优质的青海产。要辨真伪，最直接的方法是将冬虫草折断，中间有V字形的肠，绝对假不了，劣者一斤七千人民币，中级的一万，最上等的要值两万了。真是活到老，学到老。

广州新印象

又去了广州一趟，印象愈来愈佳。

数年前，看到车站挤满了游民。那几千人什么都不做，我看你你看我，绝对不是什么先进国家都市能发生的事。

当今已没有这种现象，而最显著的改变在于市内的高速公路增加，已很少从前那种严重塞车。

现在的广州，已很健康。

几家大酒店都住过，最后选择了“白天鹅”，服务可真好，每次都给我同一个二十楼的小套房，俯视珠江。

江边两排树数之不清，到了晚上，用绿灯照耀，像两条苍龙，江水也逐渐变清，再下去不知道会不会让花艇停泊，恢复昔时的夜夜笙歌。

旅馆附近的沙面岛，原领事馆区的建筑还是那么庄严，但许多破旧失修，现在已经一间间重装。一切，都是向好。

食在广州，并非说着玩的。对于吃，广州的选择真多，时有让人惊奇的餐馆出现，这次去了一家“茅山食府”吃全猪宴，店子躲在小巷中，菜精彩得不得了，真是藏龙卧虎。

天河区又有一家叫“湘村馆”的湖南菜，走进去以为身在纽约，室内设计完全是菲利普·斯塔克类型，吃的却是地地道道的中国馔，香港中餐厅的设计还不至于那么大胆，听说是一位画家开的，已有四间分店。

经过二沙岛，里面的别墅听说要卖三千万港币一间，但少人买，一千万左右的，倒是很抢手。

从红磡车站搭直通车，一小时四十分左右抵达，海关一开十多个闸，等待时间不久。职员态度甚佳，留给第一次踏入的客人很好的印象。

广州，当今是值得一游的。

老房间

在广州的白天鹅宾馆，已变成我每次去必居之所。对老顾客，他们都有个记录，像我喜欢那间二〇一八号房，除了让别的客人连住几天，不然一定留给我。

是个小套间，一房一厅，两个洗手间。窗外望珠江，由黑夜看到黎明，船只穿梭，景色百看不厌。

壁上挂着树林的画，几只可爱的小麻雀排在一起脚抓树枝，非常清晰。

早晨在沙面散步，更见民生之朴实，大家耍耍拳、打打羽毛球，住在这里，多活几年。

对面有几家餐厅开得很晚，“侨美”的小食美味，尤其是他们供应的煮花生，是我吃过最好的，可以一连来个三四碟，食后屁放个不停，也不介意。

走远一点，可到清平菜市场，还有药草街，任何中药材应有尽有。至于货的真假，那要看你的经验和眼光，不然的话在你熟悉的药房购买好了，别充专家。

每朝在“白天鹅”的餐厅饮茶，也是我们的习惯了，因为试过市中数家，都没有这里好。

丘师傅笑脸迎人，他做点心最有把握，又爱创新菜式，这里的出品都是第一流的。

你去光顾的话，先点一笼烧卖好了，一咬，即发现肉不是磨碎机中打出来，而是手剁的。一粒粒的肉丁，清清楚楚，肉质鲜美弹牙，在香港很少能吃到那么高的水准。

摆在旁边有个档口，你可以走过去看，点你喜欢的，但水饺一定要试，他们做的水饺肥肥胖胖，肉味十足。

麦皮叉烧包用面包式的包装，也是我最喜欢的点心之一。伦教糕是甜品，我不爱吃甜，但这里做的我就能接受，也是值得推荐的。

房租丰俭由人，在香港旅行社订好才去，物有所值，不会令人失望。

不冻啤酒

从赤鱲角飞昆明要两个多小时。整个云南像欧洲一样，这里飞那里飞都是短途。而且，去老挝、柬埔寨、越南等国家，也是轻而易举的事，要是你肯旅行的话。

我们这次的探路团时间很短，只有四天三夜，团员三名：广东康威旅行社的老总章先生、带去杀价的助手徐燕华和我。

行程预定去昆明住一个晚上，再由昆明飞泰国，住两晚。这条路少人去，大家都没想到可以不必去曼谷转机到清迈。

昆明上次去已快两年了，是陪金庸先生前往，看花的博览会，再到丽江。在古城，查先生和内地、台湾的高手下一盘围棋，大家几个子，没下完，也不分输赢，把棋局刻在石碑上，是件很有意思的事。

机场离市中心很近，只要十五分钟左右。我们入住的佳华广场酒店是昆明最好的，从前为Westin集团管理，现在外国公司都撤走了，道理很简单，做不够生意付管理费嘛。

房间不错，干干净净，这是到我们这个年纪的人的最低要求，年轻时背包旅行，什么环境都不讲究，能交到朋友就是。

昆明天气不冷不热，一年四季如春，故有“春城”之美名。但是位处高原，有高山症的人还是要防御一下，不可以下飞机后即刻乱跑乱跳，一切慢慢来就没事。

抵达时已是下午五点，休息了一阵子，给当地友人带去餐厅吃晚饭。

餐厅里啤酒不冻。昆明的天气并不需冰块来解暑，友人预早通知餐厅说客人要喝冷的，请他们预早把啤酒放入冰箱。侍者听到我们的抗议后说：“已经冷冻过的！你们来之前拿去放在桌子上准备你们来喝呀！”

三　亚

从兴隆到三亚有一条很好的公路，一小时内抵达。三亚可真大，由一处到另一处的车程总需二十分钟以上。

这个被誉为“东方夏威夷”的城镇，一看到海，果然不出我所预料，污染了。

海水已不像毛里求斯或大溪地那么清澈见底，有一点点混浊。

我们下榻的是假日酒店，刚刚建好，说是当地最好的一家，一走进大堂，海景全面开放，真有气派，房间也舒畅。同一个管理公司，三亚的假日酒店其实已有洲际酒店的级数，别被名字误导为一般的假日。

酒店前面就是自己拥有沙滩，我穿上浴袍就走去海边仔细看海，沙还是洁白的，海水比远看时清，是可以接受的。其实，也能够说已经比大多数国家的海滩好得多。

小时候在东南亚诸国游过的海滩，都留下美好的印象。短短四十年，人类已经把全地球的大部分海水弄脏，数亿年的环境，数十年与之比较是眨眼间的事，三亚是一个刚受伤的孩子，环保方面好好做功夫还是来得及挽救的。

先在海边一家餐厅吃海鲜，大鱼大肉，非常地道，连蒸的大块豆腐也原汁原味。海螺方面有许多香港前所未见的，最奇特的是一种外壳像蛳蛤的，叫为鸡翼贝，原来它的肉蒸熟了像一只只翘起来的鸡翼，非常美味。

晚餐在三亚珠江花园酒店中餐厅进食，这一餐是我这几天吃下来最好吃的，对海南菜大开眼界，一道接一道，没有令人失望，就算是最简单的蒸咸鱼，也是用只腌一晚半咸淡的活鱼来做，精彩绝伦。

海南的确有它独特的饮食文化。不是不到海南岛，不知身体好不好，是不知你的胃好不好。

印　象

这几天跑下来，还是对海南岛留下一个很深刻的印象，是好的。在当地遇到的多数是外省人，但是我们的导游、厨房里的大师傅都是土生土长的，态度友善亲切。

也许你说我遇到的对我特别好一点，这也不对，他们不知道我从小就会听海南话，与他们沟通，听得出态度是真诚的。

我们千万别将海南岛幻想成世外桃源或者是一个热带天堂，这是一个淳朴的小岛，值得一游。

到处看到椰子树，原来还是不够用，海南要从马来西亚、越南、泰国等国家输入椰子来供应他们做椰浆，这种饮品，已被全世界爱戴，成为他们出口的生力军。

在三亚附近，还有一个巨大的果园，占地几个山头，还没有正式开放，我们参观过，里面的热带果实应有尽有，品质优良，像淡而无味的越南火龙果，在这里种出来又香又甜。果园老总做过杂志编辑，后来又经商，为了兴趣，还是回来种果树。这一片土地，将来不只成为热门的旅游点，还可以出口到各地去。各种兰花也能带来巨大的外汇，这方面好好发展，又是一笔大生意。

海南岛没有什么工业，但也不必单靠旅游。少了工业带来的污染，对自然生态发展更是有利。

至于海南岛到底有没有海南鸡饭，这要看你对海南鸡饭的印象是什么。大多数人是在新加坡吃过，以为就是了，那就吃不到。他们的文昌鸡有他们的吃法，接受就是了。海南鸡饭也是由海南传到新加坡的，新加坡人只是把传统保留下来，海南岛本身略为注重这些老传统，做回任何种类的鸡饭，都不是难事。

青藤茶馆

这次在杭州，印象最深的还是茶馆。

金庸茶馆开在湖畔，清静幽雅。刚开始，还没有走入轨道，但绝对是一间一面喝茶一面谈论金庸小说人物的好去处。

最大那间叫青藤茶馆，面积五万平方英尺，可容纳一千人喝茶，出版社安排我在那里和读者见面。

出来迎接的是两位二十来岁的女子，沈宇清身穿旗袍，毛晓宇着西装。

“在这儿坐好哦。”沈宇清说话每问一句“好哦”都是殷勤探询，软语商量，听得舒服。

毛晓宇则机敏灵活，很有说服力，是位绝佳的外交。

两个人本来都有一份令一般人羡慕的工作，在杭州国际大厦做总机接线员。她们有个共同的理想，就是在最清新的环境之下喝杯好茶。一天在西湖边上被景色迷住了，就决定开茶馆，当今这个已是她们的第四间。证实了我一直向年轻人说的“做，机会是五十五十；不做，机会是零”的理论。

茶馆分十个区，每个都有十多个包厢，装修考究踏实，不是一般像布景那么搭出来的，一切显得古朴典雅，追求自然。

也没有讨厌的台湾茶道仪式，客人各自用茶盅品茗。另一边，一排长桌，摆放各种送茶的食物，让大家无限索取，茶资不贵。

我拿了一小块煮熟的番薯，甜美得很。又要一小粒粽子，出奇地好吃。

“包得那么出色，”我说，“简直绝技。”

沈宇清说：“请老妈子做的，又是啥绝技了？客人勿笑，已算好。”

青藤茶馆注重特色经营，打文化品牌：风格显江南风情，拥有朴素的经营理念。注重商业和文化的结合，绝对是成功之道。我请她们来香港开分店，双姝答应考虑。

绍　兴

从宁波折回头，到绍兴。

一踏入这个大城镇即刻有阵文化气息逼人来，是上海、杭州和宁波没有的。

宁波出盐商，绍兴出文人。经过鲁迅的故居，但没时间去看他家花园中的枣树。又经过秋瑾被斩首的地方，立了个碑。

绍兴是个水乡，到处有水，入住的国际大酒店虽然只是四星级，但从大堂望出去是个优美的大湖，房间新净宽大，听说这家旅馆就快升五星级，看起来是够条件的。

来了绍兴，第一件事当然是去喝绍兴酒，从发掘到的出土文物，历证了绍兴人早在四五千年前已酿酒，是水质极佳的天然条件吧。

喝酒当然是去鲁迅的“咸亨酒店”了，光绪甲午年开到现在，挂着的对联写着："小店名气大，老酒醉人多。"

整个喝酒的气氛紧紧摄住你，先闻到一阵阵的炸臭豆腐的香味，恨不得马上买几块来下酒。这里做的咸煮花生，又是我吃过最美味的。茴香豆，更能让你把一碗满满的绍兴酒灌进肚子，而且奇怪得很，好像千碗不醉似的。

未到之前，以为总没有香港天香楼的女儿红那么好喝吧，但一进口，是不错就是不错。那么好的老酒，千万要冷喝，看见门口卖的一坛才一百七十块，恨不得捧着干掉它。

其他下酒小菜也一一点了，共有：五香干、醉鸡、醉肫、醉凤爪、鉴湖鱼干、跳跳鱼、虾油肚片、海带结、苋菜梗、萝卜干拌毛豆等等等等，数之不清。

喝酒处的隔壁新盖了堂皇的同名字餐厅，卖地道绍兴菜。我们决定带团来的时候，一抵埗先在喝酒的大堂吃小菜当中饭，晚餐再来餐厅吃十五道以上的大菜。其实咸亨酒店再来多几次也不厌，门外立着的孔乙己铜像像在点头，同意我的说法。

老北京一条街

四月底的北京，天气最好。还没去之前看天气预报是八至十八摄氏度，应该有点寒冷，岂知一到，天高地爽，一套夏天的西装已能到处跑。叶全绿，泡桐紫花开遍，北京是美丽的。

入住的王府饭店，是香港半岛集团管理，房间又刚装修过，很舒适。

王府饭店走几步路，就到了王府井大街，已改为步行道，车辆不准进入，两旁商店林立。北京地广，印象总是大，大，大。

街口用铜打了一块牌子，果然昔日这里有一口井的，当今已是被游客作为拍照片的背景，打不出水来。

肚子饿了，就到新东安市场地下室的“老北京一条街”吃东西，虽然都只是普通的菜式，但花样挺多，可以先在这里得到各种北京街道小食的概念。

先来一碗豆汁。这种老舍先生常写的饮品，连来自杭州的罗俞君也没喝过，是豆制品发酵后熬出来的东西，可以说是斋的奶酪吧，当然有点馊，配着咸菜丝，愈喝愈美味，怪不得骆驼祥子老兄那么爱喝了。进食时用焦圈送。所谓焦圈，是把面粉弄成小圆圈炸出来，无馅亦无味，等于南方人的油炸鬼。

炒肝，是用碗盛的，像汤水多过小炒，里面有几小片猪肠，肝是怎么找也找不到。穷人家吃的东西，找不到肝，才是正宗。

炸蝎子、炸蚕、炸蚕蛹、炸蟋蟀各来一串。蚕蛹一咬，里面充满香喷喷的肠膏。听起来恐怖，吃起来美味。人家吃了那么多年没事，我们怎会吃出毛病来?

印象最深的是乾隆包，用草绳编了一个笼，像钱袋。里面有狮子头一般的肉饼，蒸熟了摆在那里。吃时把草笼一挤，肉饼掉入碗中，或者用筷子挖来吃也可以。当年的街道小吃一定很少精肉做的东西，怪不得要以皇帝为名了。

王府井大街

我们下榻的北京东方君悦酒店新开不久，地点就在市中心的王府井。

一早，我上街逛，已有很多行人。上次来住王府饭店，是在王府井的另一头，一直问人王府井小吃街在哪，没有人说得清楚，也许是自己的京片子讲得不准，或者是当地人不太友善，都问不出所以然，找不到。这次的旅馆在王府井的另一头，一走出去，就看到那条王府井小吃街了。

店还没有开门，零零星星有几家已经营业，我上前一看，卖的东西都差不多，就选了一档较为干净的坐了下来。

先叫一碗爆肚，没有什么味道；再来一碗炸酱面，还好；最后要了荷叶饭，原来是把饭炒了，放在荷叶上面而已。

回来向查先生聊这件事，查先生说：“还好，你去得早，那块叶子你先用。”

查太太听了说：“也许是昨晚用剩的。”

北京小食，像其他传统菜样，形还是存在的，但味道已不一样了。

再到王府井大街散步，许多大商场，卖的东西大同小异，没什么看头，经过一家叫“盛锡福”的百年老店，专卖帽子。有几顶为周总理和各国家领导人的复制品，其中一顶貂皮土耳其帽最精美，本来也想定做一顶，但想到没什么机会用到，也就作罢。

到专卖食品的商场去，看见粉红的大桃子，实在诱人，忍不住买了几个，很硬。店里的人说是吃脆的，我不喜欢这种吃法。

又买了一些莲子心，说可以冲水当茶，回酒店一试，果然是哑子吃黄连，有苦说不出。

王府井书店有几层高，大得惊人，一看，书之多，差点昏倒。经过散文部分，也有我的书数十本摆在一角，像王府井的热闹，消失在人群中。

周　庄

周庄离开上海有一个多两小时的车程，是个水乡。

从前我会推荐你去走走，当今犹豫。

区丁平导演的《南京的基督》，在周庄取景，美得如梦如幻。现在即使平日也挤满了人。著名的巨宅如沈厅、张厅天天给一群群游客践踏，十年之后一定摧残。

我说过去内地名胜要趁早，人民生活一充裕，游客阻碍每一个摄影画面，就没有意思了，这句话才讲了几年，现在已实现。

如果你还不死心，那么清晨四五点从上海或苏州出发好了。不然就在当地住它一夜，欣赏人烟稀少的日出吧。

靠水的狭道中，有很多小贩卖白灼虾米干，便宜得很，买了一斤慢慢细嚼。另外有人卖菱角，说了你也不相信，竟是绿色的和红色的，比我们常见的黑菱角要大出一倍来。煮熟了却变成褐色。生的也可以吃，感觉像马蹄。熟的和普通菱角味道一样。

令人惊异的是河蚌，一个足足有扇子张开来那么大。问餐厅老板：“这是不是老蚌生珠的蚌？”

店主点头。问什么都点头。好不好吃？当然点头，就来一碟试试。上桌已切成碎片，咬起来像橡皮胶，一点也不好吃。

水箱之中有种叫白丝鱼的，全身发白，也要了一尾。从厨房中拿出来的蒸鱼，一吃之下，像尾咸鱼，绝对不是游水的，店主解释说此鱼离水即死，故要盐腌渍，水箱中的只是示范而已。我问为何不用水箱那条，店主照样点头，但没照做。

昂子鱼有八条须，下巴六条，唇上翘着两条，蒸起来美味得多。这种鱼在珠江三角洲也出现，叫不同的名字。

又见有小条的河豚，店主说叫鲃鱼，煲汤最鲜。我好奇心虽重，但说什么也不试了。

定安市场

下榻的“海景酒店”离鼓浪屿的码头很近，老区思明街道[①]又在旅馆后头，是我们常去散步的地方。

放下行李就向思明南路走过去。古厦门的街道，商店是建在里面的，外边有条避雨的走廊。这种建筑叫“五卡基”[②]，是马来语Kaki Lima翻译过来的。Lima是五的意思，Kaki是脚，有五小步之宽。在信风影响下，雨季到时到候就下雨，像下午三点下的话，每天如是，准得不得了，但下一阵子就没了。“五卡基”发挥暂时避雨的作用，这类建筑，应该是受南洋影响，传来中国的。

思明南路上商店林立，转入定安路，就有很多吃东西的小店

---

① 2004年9月，思明街道已撤销，并入中华街道。——编者注

② 五卡基：今译为“五脚基”。——编者注

铺，刚吃完午饭，饱饱，还是等到半夜或明天一早。

定安路的定安市场很干净，大堂中还挂了一块牌子，用电子数字打出当天的蔬菜和肉类统一价格，去哪一档买都是一样的。

菜市一角还有一个所谓的“公道秤”，买了东西之后认为斤两不足，也可以拿来上磅。

食物种类众多，可见当地生活水平颇高。店铺的商品没有上海和广州卖名牌货的习惯，人民还是不注重这些的。

走到街角，看见一家卖糕点的小店，虽然对吃甜的并没有很大兴趣，也走进去看看。

最有特色的是一种白色的糕点，像一般的白云糕，是用米粉和白糖做的，不同的是在甜的米糕之中加了炸过的红葱头，吃起来又甜又咸，但香味十足，是我最能接受的甜品，买了几包，准备坐长途车时解闷。

厦门馅饼是最传统的小吃之一，先把绿豆去壳，研得精细，饼皮和饼酥下大量猪油揉成，烘制时内熟外赤，皮香油润。

街边小贩卖的生煎小吊桶鱿鱼，体内充满膏，也是我爱吃的。

五月雪

此行有倪兄做伴，大乐也。倪太是客家人，对台中的客家菜尤其感兴趣，因为做法和大陆及香港的完全不同。

吃了“白玉三宝”后，接着上的是“敏豆拌肥肠”“梅干扣肉夹馒头”“椒盐鸡脚”“山药四宝汤”“酸甜熏虾”“肉松拌水蕨”“苗栗客家炒肉”等。

“活爆鲟龙鱼三吃”是刺身片、蒸树子、药膳汤。我对这种濒临绝种的鱼没兴趣，但当今已大量在台中饲养，食之无妨。肉质口感皆佳，虽说是养的，但鲜甜味不减。

饭后就赶着到果园去，公老坪农场种满各种果树，我们一路走，看到什么采什么。当今最旺盛的是杨梅，第一次在树上看到。一大棵，至少有百万粒的鲜红色杨梅，才知道为什么价钱抬不起来。杨梅很甜，并不像印象中那么酸，中间有粒种子，果肉由无数的粒子组成，口感奇特。

再下去是桑葚，这种童话中出现的水果，从前在香港也很多，近来已不见了。反正看到黑色的就表示已成熟，摘下来放进口，香甜无比，一颗比一颗好吃，最后试到长形，样子像蚕的桑葚最可口。可惜树上所剩无几，都被鸟儿吃掉，它们聪明，选最佳品种。

另外有种从来没看过的，叫树上葡萄。颜色黑，肉白，中间有一粒核，肉甜得要命。听说是由巴西移植来的，一天不死，都有新东西看。

台中地大，还有很多未开发的，我们一路往南投游走，各地种满了油桐树。这次巧遇时季，树头开着白花，一片无际，当地人叫为“五月雪”。

白桐花是客家人的守护神，人们捡拾油桐子贴补家用，炼桐油，桐油作为纸伞涂料。

如果有空闲，可在桐花下散步，朵朵小花簇拥成堆，飘下的白花朵迷离纷飞，极为浪漫。

在台湾过中秋

十月初的长假，适逢中秋，团友埋怨我只顾做电视节目，没地方去，就临时组织了一团，从高雄入，一路吃到台南和台北。

餐厅和酒店可以妥善安排，天气可是一点办法也没有。怎知道会两个台风一块打来呢？“华航”经理告诉我们没事的，依期出发。

下机后果然青天白云，不见有打风的迹象。到了酒店打开电视，倒是每一台都在报告天气。经过上次的惨痛经验，这回大家都做高度戒备。

不过电视画面都在转播CNN（美国有线电视新闻网），因为前次CNN的预告比本地气象台都准。

我们这趟三夜四天，下榻的都是香格里拉酒店，台南的刚建好，房间宽大，工作人员笑容亲切，在露天游泳池旁摆了桌椅让客人赏月。

台湾人过中秋，最喜欢做的事是吃烧烤（BBQ）。除了在家中花园举行，我们的车子经过的大街，看见商店职员也在行人道上开餐，烧炭烤肉。

我们到“赤崁”去吃老板娘办的豪华宴。她把负债累累的丈夫给休了，一个人带着三个女儿闯天下，由一档面食做到大餐厅，当今还把分店开到台北故宫博物院去，真了不起。

老板娘依然年轻，看不出年龄，团友们未举筷，已断定菜式和主人一样，又好看又好吃。

在台南住了两晚，第三天乘台湾的子弹火车到台北，行李不方便携带，由专车送去，还没Check-in，已送到房间。

但是前台职员的态度都很高傲，这就是北部和南部的分别。究竟是大城市了，以为冷漠是当然的。在台北吩咐的士司机去香格里拉，很多不知道，要说远东企业的“远企”才行。

第四天大队返港，酒店高层才来问意见，希望我们下次重临。我说：“建筑物本身已经有十五年了，想不到连职员的态度也没有保养好，一样残旧。”

对方苦笑，连改进的客套话也不说一声。

布耶佩斯

进入法国国界，即刻感到一阵凉意，它的确是一个山明水秀的地方。

树特别漂亮，草油绿。法国人长得并不高大，很有礼貌，并不像传说中的“不会讲法语就看不起你”。

和邻近的西欧国家一比，意大利太过炎热，德国冷酷无情，瑞士刻板，英国浓雾，都有问题，只有法国毫无缺点，美即是美。

葡萄当然也是法国天气最适合种植的，品种优良，酿出来的酒，价钱受国家控制，不能卖得太贵。

面包也是一样，松、软、香，但不可以乱叫价。所以在法国，做人永远不会饿死，只能醉死。

我们在一家靠河的餐厅吃饭，叫了一瓶餐厅餐酒，好喝得要命，才卖七十块港币，一个套餐，也不过一百二十法郎，合两百港币，五道菜，吃得捧着肚子，懒洋洋地晒太阳，不肯走出来。

晚上，抵达马赛，当然要喝全球闻名的布耶佩斯鱼汤了。

这家餐馆是保护布耶佩斯原味协会的会长开的，苛刻地要求，其中的杂鱼少一种也不做生意，这个协会要志同道合的人才可以参加，大家都不折中，一定依古法煲汤。我跑到厨房去学习，先是把杂鱼用网包住，煲至稀烂为止，才将可以整条吃的鱼抛入汤中，再滚十分钟，分开来上桌，汤归汤，鱼归鱼。

为什么只在马赛喝的才是最好的呢？大家都会煲呀！第二天一早跟大师傅去买菜，才知道理。马赛港口的杂鱼，鱼种并不是其他海域找得到的，这才可以煲出布耶佩斯来。

即使巴黎的著名餐厅，也只能叫为鱼汤，不可以用“布耶佩斯”称之，不然保护布耶佩斯原味协会听到了，会呱呱叫的。

粉红香槟

直奔香槟区。

整个城市街道底下挖空为酒窖，有数百英里长，一堆瓶子就有几万瓶香槟，加起来，数量是惊人的。

经特别的安排，我们去了最好的香槟厂Moet & Chandon（酩悦）参观，工厂在一七四三年创立，拿破仑也专程前来做客。

该厂还派了一名内地来的女子当导游，详细解释香槟制造过程。

到底是名厂，拿出来给我们试的也是好酒Dom Perignon[①]，众人一喝，印象极佳。

接着就在地下的酒窖吃午饭，三种香槟，配合不同的菜，幽暗的酒窖里点着蜡烛，是名副其实的烛光中餐。

---

① Dom Perignon：唐·培里侬香槟王，创建于1668年。——编者注

大家最感兴趣的是：红色的玫瑰香槟和淡黄色的有什么不同呢？

原来香槟由三种葡萄酿成，在酒桶中第一次发酵，装进瓶里又做第二次发酵的程序，让酒中泡泡发得更多。酵母有渣，要把瓶子倒立，存放六个月之后，沉淀物都挤到瓶颈去。这时把整瓶香槟插在零下二十多摄氏度的冰中，让它凝固，然后开瓶，酒内的气体一下子把瓶颈的沉淀物冲开，香槟就干净无比了。

冲掉之后已不是满瓶，一般的加上上等的白酒，呈淡黄色；加上好年份的红酒，就是粉红香槟了。

饭后众人到小卖部去，把那家店的粉红香槟都扫光，令那位内地来的女导游咋舌。

Moet & Chandon由蒙特（Moet）家族创立，后来由女婿沙东（Chandon）发扬光大，故把他的姓氏也加了进去。现在这家厂给拥有路易威登和各种名牌的公司买去，是法国最厉害的一个机构。

波尔多之旅

从佩里戈尔出发，到波尔多去，需三小时车程。

波尔多是一个沿河的城市，比我们想象中的小镇大得多，应该是继巴黎、马赛、里昂之后第四大的吧。

市中心一排排的高楼，也许是古时候的组屋，连续数里，蔚为壮观。我们通称这个区的红酒为Bordeaux（波尔多），其实这里已不种葡萄，它是离开波尔多不远的Medoc（梅多克）、Pauillac（波雅克）、Margaux（玛歌）和Saint Julien（圣朱利安）组成的产品。

但是经营全靠波尔多城中的销售公司，全世界的买卖都在这里进行。踏入古老的公寓区，有一个小门，也没有什么招牌，就是天下藏酒最多的商行了。

这家叫Maison Jean Descaves的公司并非人人走得进去，它只跟交往数十年的重要客户做批发生意，零售更是免谈了。

我们能受欢迎，是因为友人一口气买了四百箱名牌红酒，但也不是花了钱就接触得到，要有慕札医生的推荐才行。而慕札医生在年轻时救过一个酒商的命。所谓酒商，像是律师楼的师爷，是销售公司的中间人，经过了他，酒才转手到一般卖酒的商店。

重重的关系之下，负责人France Chauvin带我们参观她的公司。办公室在楼上，不大，职员也不多，用电脑连接全球，但地下的酒库俨如一个波音飞机舱，摆的都是年份最好的佳酿。一箱箱叠起，买重保险，输送到世界各国去。

除了普通装的零点七五升之外，还有许多大型瓶子的酒。Chauvin小姐说："酒质最佳的是最多装到两瓶的Magnum[①]或四瓶的Double Magnum，再大的因瓶口的关系，酒的呼吸不周，只可以当陈列品了。"

她还带我们参观了另一个大仓库，里面藏有数之不尽、被誉为天下最贵的Chateau Latour[②]，平均一瓶数万港币。她笑着说："我们不靠银行，这就是我们的银行。"

接着，她带我们到Chateau Margaux[③]，负责人拿了几种不同年份的酒给我们试。

"二〇〇三年是一个奇怪的年份，"他解释，"天气太热，有的

---

① Magnum：（容量为1.5升的）大酒瓶。——编者注

② Chateau Latour：拉图酒庄，又名"拉图城堡"。——编者注

③ Chateau Margaux：玛歌酒庄，是波尔多五大一级酒庄之一。——编者注

葡萄种类受不了，酒质并不好，但是赤霞珠（Cabenet Sauvigon）倒是愈热愈好。我们把这一年份的酒叫为‘穿上皮衣的魔鬼’，要懂得产区才能选到好的。我们的酒，都是配的。”

“为什么不单纯用一种赤霞珠呢？”

“好酒像烧菜，一种葡萄是一块肉。”他深入浅出地说，“其他葡萄像胡椒、像盐、像醋，配了才好吃。”

Chateau Margaux的外面有一望无际的葡萄园，这地区春末夏初的阳光从早上五点开始，一直照到晚上八点多。天上一片云也没有，空中的蔚蓝，蓝得出奇，蓝得有点带紫，是在其他国家看不到的。造物主对法国人特别宠爱，也注定了他们要酿酒给我们喝的命运。

经过Chateau Laffits-Rothchild酒庄，这家已经给英国人买去。法国人和英国人的百年战争仇恨犹存，把它贬得一文不值，当今售价远不如Latour了。

到达我们最喜爱的酒庄Chateau Pichon-Longueville Comtesse de Lalande，名字太长，简称为“碧尚”吧。

门外挂着一面香港紫荆区旗，“碧尚”主人May Eliane de Lencqusaiug[①]外游，她的侄子Gildas d'Ollone前来相迎。

“旗是为你们挂的。”他笑着说。

---

① May Eliane de Lencqusaiug：译为“梅·艾莲·德·朗格桑”。——编者注

此君带我们到酒庄看制造过程，之后就在古堡中请吃中饭。通常这些地方都会给人一种幽魂出现的感觉，但这一座像是人住的，干干净净，典雅中带着现代化的舒适。多位身穿制服的女佣穿梭，这年代，在欧洲要养一个已经不易，这里有好几个，看得出主人肯花钱，懂得享受。

“我们也生产第二线的酒。”他说，“虽然说第二线，也得过很多国际奖。”

但他一开就是两三瓶一九八二年的一线酒，香醇无比。上了一大碟时令的芦笋，只有乡下才有得吃，还没运到巴黎去卖，是我们在这次旅行时百食不厌的。

侍女们奉上肉类主食时，又开了一九七六年的“碧尚”，喝个不亦乐乎。

酒醉饭饱，走出来，上车，一转角就到了Chateau Latour，原来只在隔壁。

公关经理年纪轻轻，是个漂亮的女子，亲切地招呼。到了试酒室，拿出几瓶二〇〇〇年和二〇〇三年的给我们品尝。

喝了一小口，走到吐酒缸前，把口一挤，“嗖”的一声，酒变为一条直线喷出。这些年来的试酒经验，已把我们训练得和配酒师一样，吐酒功夫纯熟。

公关小姐睁大了眼睛，奇怪地说：“来过这里试酒的客人，都是把酒喝进肚子里的呀！”

重头戏

第二天，我们进入了重头戏，那就是去苏玳（Sauternes）区，参观天下无敌的甜酒厂Chateau d'Yquem[①]。

从圣爱美隆（Saint-Emillion）出发，约两小时，一路进入梅多克区，入眼的尽是一望无际的葡萄园。这一区种的树中间很疏，又较高大，是为了吸收更多阳光。

再下去就是玛歌区了，风景好像又比梅多克的更美，几百公里的路两旁全是葡萄园，可见法国酒惊人的产量，他们当成一个重要的出口工业，分布到全球去。亲身见到，才知道澳大利亚、美国等产酒国，是微不足道的。

苏玳区的风景可以说是全国最漂亮的了，地上全是石灰的碎

---

① Chateau d'Yquem：滴金酒庄。——编者注

石，吸收的水分最少，长出葡萄后，经强烈的阳光照射，变成在树上熟后甜的葡萄，而这一些干枯变成咖啡色的果实，才是采来做甜酒的主要材料，都要由人手精密采取。

Chateau d'Yquem创于一七八五年，即被评定为特级酒，把这一区的数十间甜酒厂比了下去，那么多年来，保持最高地位。

所有法国佳酿，寿命都比不上"苏玳"，它越久越醇，甜而不腻。喝法国酒，大家由白兰地认识，跟着知道香槟是什么，就开始学会喝红白餐酒，但是要到懂得欣赏"苏玳"的阶段，才算毕业。

当今八月初，所有名酒厂都放假，Chateau d'Yquem的总裁Pierre Lurton[①]特地从海边赶回来，全身被太阳晒得漆黑。

"员工都休息，只有由我这个小卒亲自带大家看看。"他亲切地说。

越是大老板越谦虚，摆款的皆为次货。我告诉他："画家安东·莫纳要我谢谢你，他说你一点架子也没有。"

Lurton笑了："我最喜欢他的画。你是他的老友，就是我的老友，老友和老友，摆什么架子呢？"

---

① Pierre Lurton：译为"皮埃尔·卢顿"。——编者注

苏　玳

"直接试酒吧。"我向Lurton说。

"行，行。"他带我们到一间装修得精美的大厅，拿出几瓶来，"一九八九的被评为九十八分，一九九〇的也是。一九九四的只有九十分，一九九五的九十三分。只有这一瓶二〇〇一的，是一百分。"

红酒的话，二〇〇一太年轻，苏玳的酒真是完美，喝了下去，不羡仙。

"一瓶从几千到几万港币，为什么Chateau d'Yquem的酒，卖得那么贵？"有位团友忍不住问。

Lurton回答："一棵辛辛苦苦种了几年的葡萄树，只能够酿出一杯Chateau d'Yquem来。"

哗，大家更觉得珍贵，这次试酒，没人吐出来。

喝完后告辞，到同一区的一间叫Le Saprien的餐厅吃中饭。

餐桌摆在桑叶架子下，对着一望无际的葡萄，清风吹来，最酷热的季节，也觉凉意。上帝，对这个国家太好了。

“特级酒 Chateau d’Yquem 太贵了，有什么一级和二级，但又喝得过的吗？”团友问该餐厅的老板娘，她应该很懂得这一区的产品。

“一级的可以喝 Chateau Rieussec[①]，二级的选 Chateau d’Arche[②]。”她介绍，“其他便宜的喝完，胸口会发闷。”

“甜酒是不是只在饭后喝？”

“餐前也行。”她解释，“又可以来煮鹅肝酱，很多现代人都说这最不健康了，但我们吃了几百年，一点事也没有。”

精美的几道菜，吃得尽兴，大家都说此行已值回票价。我打趣：“既然各位都满意了。那么今后的行程，当成奖金（Bonus），如果有什么安排不周的，敬请原谅。”

---

① Chateau Rieussec：拉菲莱斯古堡酒庄，又名“莱斯古堡”。——编者注

② Chateau d’Arche：方舟酒庄。——编者注

悉尼鱼市

悉尼没有大的菜市场，至少没有像墨尔本的维多利亚菜市那种地方，但它的海鲜中心，也是墨尔本找不到的。

问当地人或酒店服务部，就会指示你在什么地方，大家都会去，但是鲜有人知道市场楼上有间料理学校。

教的都是短期课程，表格上有多项菜式任你选择，由著名的大师傅讲课，课后大家交换意见，亦师亦友的，气氛非常融洽。

我们借学校的课堂拍摄旅游节目，烧菜道具应有尽有，四位新任的香港小姐每人烧一道菜。在楼下的海鲜市场买了材料，冠军做豉汁蒸鲑鱼，季军干爆虾碌，殿军炒螃蟹，美腿小姐做蒜蓉焗生蚝。

准备时，看见她们“姐”手“姐”脚的，香港小姐嘛，当然“姐”手“姐”脚啰。

做出来的菜试了一试，果然都很好吃，材料新鲜的关系。

鱼市场占地很广，分一座大的和几间小的，还有一个拍卖部，用两块大电子屏列出海鲜的重量、产地来源、价格若干。电子屏中间是个像钟一样的大圆圈，有一盏灯团团乱转，转一圈是三秒，每一圈减价一块。像一箱比目鱼为二十块澳元，一圈之后没人买，就变成十九块、十八块、十七块等一直降下去。

“那么不是等到最后买才最着数？”有位港姐问我。

我笑嘻嘻地说：“你等，别人买。”

这块电子屏怎么和在阿姆斯特丹拍卖花市看到的一模一样？当地主管解释：“你说的不错，这个拍卖制度叫荷兰制度。”

拍卖之前，鱼商可以巡视货物，我们看到很多奇形怪状的鱼，像黄花，有四英尺长，几十公斤重，却是在澳大利亚海域中的变种。到悉尼，这里值得一游。

哼尼餐

澳大利亚和新西兰都是白人后来占为己有，原居民是澳大利亚土著和毛利人。

澳大利亚土著皮肤很黑，毛利人棕色为主，相信古代与大溪地和夏威夷是同一族人。

大家在纪录片和运动大会上看到的毛利人，双腕拍肋，伸出舌头，大跳其战神舞。竞赛之前，必以此助阵。

脸上和身上，布满了刺青，男女都是肥肥胖胖的，样子一点都不凶悍。从他们的伸舌头，可见只是想把对方吓走，绝不想用暴力解决。

来到新西兰，怎么可以不吃一顿地道的毛利餐呢？他们叫作“哼尼”，是在地上挖一个洞，把食物用叶子包裹起来，生了火，将石头烧红，埋着焙熟来吃，和夏威夷土著做的烧猪有异曲同工之妙。

哼尼餐的材料大多数是野猪、羊或鸡，有时是全海鲜。配料有薯仔、南瓜、地瓜等，还有面团，烤成包，很像我们的馒头。

做一顿要四小时以上。为节省时间，事前已关照他们一早做好，等我们到来即刻吃。去了现场，见两位毛利人在地上燃烧树干，还是新砍下来的。阴功[1]，为了这一餐牺牲一棵树，好在新西兰树多，烧不完。

毛利人把树干推开，用铁锄掘开泥土，再挖里面的石头，每块都有柚子般大。

以为已经有得吃，原来洞里空空的，这场功夫目的不过是把石头烧红，只好耐心地等待，肚子饿得叽里咕噜。

选烧得最透的石头先填进洞里，放入食物，再把其他的烧红的石头盖在上面，已经不必用泥土来埋。两个半小时过后，打开包裹，面包已膨胀，薯仔烧得烂熟，野猪肉香喷喷的，流出一大堆汁，土鸡更是美味，羊肉硬了一点。

这一餐，吃得非常过瘾，怪不得毛利人都是肥肥的，只有跳战神舞来减肥。

---

① 阴功：广东方言，语气词，有感叹之意。——编者注

炭烧咖啡

来到南非，刚好是当地的冬天，海水太冷，没人潜水去抓新鲜鲍鱼，但龙虾船倒是每天出海。南非人吃龙虾都是冷冻，市场没得卖活的，只好去一家批发厂，有几十个人池，让干净的海水养个数日才每天一吨地运到中国香港、日本和东南亚去。这里的龙虾数目蔚为奇观，一世也吃不完，价钱便宜得令人发笑。

我们一行，连艺员、她们的保姆和报纸周刊的记者们一共二十多人，买了三十尾大龙虾，一人一只两公斤重的，烧烤去也。

学波利尼西亚土人的吃法，生了火，用树枝穿过龙虾插在火上烧，就那么简单。准备时用一根筷子捅入龙虾身，做放尿的功夫，当地的白人看了啧啧称奇，不知道这个方法，大叫："我们吃了一辈子的龙虾尿。"

如果全熟的话，壳一定被烤焦，拍起来不好看，我们在烧到七分时，拔下龙虾的头，露出身上的肉，先大咬一口，鲜甜无比。把头中的汁喝了，是最天然的龙虾汤。

借的地方是海边的一家简陋的餐厅，主人说："我尽量保持原始，没有电没有灯，皮费[①]可以轻一点，价钱就便宜了，晚上看着星星月亮吃东西，也是乐趣。"

说完先弄一杯炭烧咖啡给我们喝。"炭烧咖啡我们喝过，Pokka、UCC[②]都有出售。"女孩子们说。

这时，主人用夹子钳了一块烧红的炭，就那么放进铁壶里面，咖啡即滚了起来，这才是真正的南非炭烧咖啡。

"不怕炭脏吗？"女孩子们问。

"西方人一拉肚子就拿炭晶来解决，吃了那么多的半生熟龙虾，不知道你们的胃顶不顶得住，喝完这杯炭烧咖啡，包你们没事。"

大家笑嘻嘻地以为我乱讲一通，都照喝。

---

① 皮费：做生意的经营成本，包括灯油火蜡、人工、铺租、牌费等。——编者注

② Pokka：新加坡咖啡品牌，一般译为"百嘉宝"。UCC：日本咖啡品牌，一般译为"悠诗诗"。——编者注

海　边

Sesimbra[1]海滩离里斯本只有三十公里，城里的人一有空，都挤到那边去晒太阳。

“怪不得我们的经济不好，”司机说，“葡萄牙独有的樽塞树[2]，树皮十二年长出来，才有得用。国民每日只想到海滨玩乐，到抓沙丁鱼时，每年放一个月假，叫沙丁鱼节，大家都只喝酒和吃沙丁鱼，什么都不做。”

沙丁鱼也是我们到Sesimbra的主要目的，去到一家叫Ribamar的海鲜餐厅，烧出五六种不同的沙丁鱼，吃得不亦乐乎。

---

① Sesimbra：译为“塞辛布拉”。——编者注

② 樽塞树：指栓皮栎。葡萄牙软木工艺发达，这种树的树皮可制作成酒瓶的软木塞。——编者注

海鲜盘中一大堆贝壳类生吃，其中有海蚝、带子、海胆、虾和蟹，卖两百多块港币，在香港绝对吃不到。

另叫了一碟鬼爪螺，手指般大，皮若恐龙，另五只尖爪，剥掉薄皮吃它的肉，鲜甜无比，这种螺从前在香港的小岛岩石上还能捡到，当今已绝迹。

甜品吃蜜瓜，这种西柚般的绿色身上有白纹的果实，奇甜无比。吃法是切它一半，挖掉种子，注入砵酒①，很有特色。埋单，东西比在里斯本吃的多一倍，价钱减半。

晚上，我们去了海边，这是全欧洲最西边的海岸，葡萄牙文说成O Amanhecer do Atlantico，翻译成英文Sunrise Over the Atlantic，大西洋望日出的意思。

从这里，十九世纪的欧洲移民渡过大西洋，就能抵达美国了。

到处都是悬崖，俯望着滔滔大海，友人说这里的海水，就是在夏天也十分寒冷，但可以看到许多年轻人不怕死，在玩滑浪。

山崖上有一家叫Fortaleza do Guincho②的旅馆，是Relais & Chateaux③的成员，装修得富丽堂皇，餐厅的海鲜由大师傅精心炮制，不像

---

① 砵酒：又称钵酒、波特酒，其名来源于葡萄牙“酒都”波尔图（Porto）。——编者注

② Fortaleza do Guincho：福塔莱萨古因克海，葡萄牙著名的米其林星级酒店。——编者注

③ Relais & Chateaux：罗莱夏朵，一个全球公认的顶级品牌，包含了遍布60个国家和地区的540家精品酒店和美食家餐厅。——编者注

平民化的食肆那么粗豪，另有一番味道。有二十七间房，在这家由一座城堡改建的酒店度过一晚，听涛入眠，第二天看日出，又是一个度蜜月的好地方。

菜　市

我们在葡萄牙，一共去了三个菜市场。

发现食材并不比法国、意大利或西班牙的丰富，也没有匈牙利那么多。一般人印象是当地人并不注重吃，除了沙丁鱼之外，也吃不起。但是，经细心发掘，还是可以找出他们独特的饮食文化。

花，倒是占了菜市场的一个重要位置，文具店并不比卖蔬菜的少。葡萄牙人很爱美吧？在波尔图的菜市场中，还开了一个美容院呢，这倒是第一次看到的。

堆积成小丘的是什么？颜色绿绿的，原来是切成丝的菜。原型像白菜、椰菜和芥蓝的混合，块头很大。看样子就知道很硬，所以葡萄牙人用一个手动的转盘，盘上有块刀片，细剥成丝，抓起一把来闻，味道甚为清新，并无臭青。

这种菜丝除了煮汤之外，并无其他做法。买它回来生炒一番，用蒜香爆香，或焓煮后淋上猪油，我想也一定会很好吃吧？下回有时间非试不可。

市场中也有商店卖马肉，喜欢赌的人大概不会去碰吧？吃了万一今后马仔都不听话，那就糟糕了。我从前吃过，并不觉得特别，像冰冻的牛扒，吃不出味道，当然也不及驴肉之香。新鲜的马肉白灼，倒有点甜味，像桂林马肉米粉，就很不错，西餐马肉做法无甚变化，不吃也罢。

因为葡萄牙人吃很多香肠，肉档中也卖晒干的肠衣，浸了水发软，就可以拿去填肉了。天然肠衣有粗有细，无规则；人造的整齐，像避孕套。

当今初夏，是樱桃盛产的季节，有鲜红的和红得发紫的，卖得很便宜。我知道很酸，不肯吃，但同伴们都说甜，尤其是紫黑色的。又被怂恿去试，还是酸。我认为水果就应该甜，但葡萄牙的桃、杏、李等，都酸，还有无花果也不太甜。只有小蜜瓜最美味，切开后倒入砵酒，甜上加甜，是我的至爱。

海底餐厅

住在帆船酒店，当然得去闻名已久的海底餐厅吃东西，别说不厉害，还要乘潜水艇才能到达呢！

事前已声明，进去这家餐厅虽然不必穿晚礼服，但至少也得端庄一点，已给客人压力。好了，大家准备妥当，到电梯候客处等乘潜水艇，每次只能坐六个人，我们一团，可得分几批出发。

船长是一位妙龄洋女，她命令各位先扣上安全带，说水底有暗涌，以防万一，大家乖乖听话。

咦，潜水艇我也乘过，升出一个视管才能看到外边的东西。这架不同，四面有窗，船长的座位前，还有像汽车一样的玻璃，可以望到四周。

玻璃镜中出现了各种鱼类，潜水艇开始航出，有点颠簸和摇晃，发出轰轰的引擎声。大小鱼儿迎面游来，还有一只巨龟呢，眼看就要撞着，船长转着避开，海龟自由自在地游着，在我们的身边闪过。

这一切，原来都是模拟的。

驾驶盘前的玻璃，坐客旁边的窗口，都是电视荧光幕，海龟游来游去还是那只，你下一次去，也会看到。

这不是真正的潜水艇，这是和迪士尼乐园的游戏机一模一样的玩意儿。

我们在房间里的一张大长桌前坐下，等着进餐，大师傅出来解释今晚要吃的海鲜，酒保写下客人要喝的酒，当然不可一杯杯叫那么寒酸，有些团友点了两瓶普通的白酒，埋单时盛惠港币三千大洋。

我点的是全餐，还怕大家吃不够，要多几道，餐牌密密麻麻写了十几样东西。上桌时，来一个大碟，每道菜只是一两小块鱼虾和贝壳类。这餐每客要花好几百块美金。吃完后，大家意见一致：揾笨①！

---

① 揾笨：粤语，意为受骗、骗人。——编者注

清迈之旅

从中国香港到泰国清迈，以前有直航，后来客少取消了；当今要去，得花上大半天时间在曼谷等待转机，是相当麻烦的一件事。

但是，如果没有去过的话，是一个非常值得一游的地方。食物和曼谷及普吉不太一样，清迈不靠海，吃的多是山珍和河里头的东西。因为和缅甸、老挝接近，受苗族影响极深，最大美味是炸猪皮和糯米饭。别小看这两种食物，做得好起来，胜过鲍参翅肚。

因为还没完全发展，也可以说泰国政府不让它发展，地皮便宜，还有尽量挥霍的空间。像我们入住的四季酒店，就是围绕着一大片耕田而建筑的，每间房不仅是套房，而且是一整间独立的屋子，里面当然设有广阔的阳台、客厅、厨房、浴室、主人房、孩子房等。还有佣人房，有个长驻的女佣，是一家可以住上一年半载的别墅。

来往酒店大堂，可作五至十分钟的散步，嫌烦就叫辆高尔夫球车。当然有游泳、水疗、瑜伽、网球、运动、泰语班、种田实习、与水牛嬉耍、观鸟等活动。不想在大厅吃饭的话，可以跑进餐厅厨房进食，大厨当众表演。平日亦有烹调课，亦能把整桌菜搬到你的别墅中去。想更浪漫，可在田边蜡烛晚餐。

如果你真的想长期在这里住下去的话，可以买一间别墅，广告上说有最后一间出售，要一百八十万美金，三千多英尺。在那种偏僻的地方当然不算便宜，但是你不在的时候，酒店可以代为管理和出租，任何时候你想回来一定有得住。我好几年前去也是看到有最后一间的广告，反正地那么大，卖光了随时可以盖多一家。

从“四季”到市中心需四十分钟的车程，觉得太远的话，入住“文华东方”好了，只要十五分钟就到达，结构也和“四季”一样，套房都是独立的建筑，而“文华东方”的服务是出名的周到，永远不会让你失望。

俭省一点，市内有很多其他酒店，一定能找到一间符合你的预算。如果你是一个邓丽君迷，可以入住她过世时住的那家。

要我选最好的餐厅的话，我毫无疑问可以推荐各位到Baan Suan[①]去。这是一家建在河流旁边的餐厅，长桌由一大片老树树干

---

① Baan Suan：译为“班苏安“。——编者注

削出来，全乡下风味，气氛在纯朴之中带着高傲，食物亦然。如果你是去吃晚餐的话，我建议你早一点去，在那里享受日落，喝一杯泰国产的湄公牌威士忌，依我的方法，勾椰青水当鸡尾酒，好到让你喝个不停。

要是就近，那么去市内的Suan Paak[①]好了，不知叫些什么，由我来建议：先要个头盘，典型的有Yam-Ma-Khoeu-Yao，那是把茄子烧了，剥皮，舂成蓉，加辣，当酱来点猪肉碎、辣椒、虾米、蛋、红葱、青柠和炸猪皮。要是够胆，试过他们的炸猪皮，一定吃上瘾。

糯米饭是用一个竹箩盛着上桌的，当地人用手捻成一团送进口。你如果学习的话，一定能得到当地人欢心，很容易和清迈少女交朋友，她们在泰国是出名的漂亮。

不但美，清迈少女极有家教，你和她们说话，如果对方不回答的话，是她们没有礼貌。

喝汤。你会发现冬阴功在这里并不流行，他们喝的多数是清汤，受中国影响，有猪肉碎、冬菇等，最多人叫的是苦瓜汤（Tun-Ma-Ra-Yat-Sai）。

接着是炒菜，有辣有不辣，任君选择，Mu-Noeu-Nam-Tok是

① Suan Paak：苏安帕克酒店，是深受清迈当地人喜爱的泰式料理餐厅之一。——编者注

烤了牛或猪之后切片，混入辣椒、薄荷叶和各种香料的菜，很刺激，古怪一点可叫笋（Sup-No-Mai），又炒又腌，做法极多。

最稳阵[①]的是泰国奄姆烈[②]，用碎肉炒了再包蛋，要是用猪皮当馅的，叫Khai-Chio-Song-Khroeung。

不想吃大餐的话，到市中最大的菜市场去好了，外围卖的全是鲜花，走进中央才看到食物，做得非常精致，把蛋壳敲一个小洞，让蛋浆流出来，混上虾米和肉碎再酿进去，蒸熟后卖，三个才十块港币。

蜂蛹的种类极多，有的是吃刺身，有的烤熟了。蜜蜂的、黄蜂的、巨蜂的，有手指般大，不知长出刺来没有，通常我什么都试，这次免了，给大蜂婴儿刺穿你的喉咙，并不是好玩的一回事。

要是晚上睡不着的话，可以去夜市。夜市是由好几条街组织起来的，好像走不完似的，尤其是卖的东西都很相同。

还是去做做按摩吧，泰式古法的，到处都能见到，并非色情。古法按摩很正经，不会把清教徒游客吓怕。一般市内的按摩院，走进哪一家，都有水平。一小时只要两百铢，合港币五十块。没替你按摩之前，先给服务员两百铢，服务包你叫好。小费，还是先给为妙。

---

① 稳阵：粤语，意为稳妥、安全。——编者注

② 奄姆烈：英文“Omelette”的音译，意为煎蛋卷、煎蛋包。——编者注

算好日期，在清迈的泼水节造访吧！所有的人都聚合在市中心的那条河旁边，互相戏水，整个人都玩疯了，那种场面并不逊巴西的狂欢节，是人生必经的一种经验。但任何时候去，在清迈都能呼吸到新鲜的空气，政府不允许重工业，到处看不到工厂或烟囱。清迈，永远是青天白云。

米兰之旅（上）

题目说是“米兰之旅”，其实我们的第一站是直飞科莫湖（Lake Como）的，再游皮埃蒙特山区（Piedmonte）和帕尔马（Parma），最后才停米兰。

国泰的飞机可以直飞欧洲各城市，如果抵达后再要即刻转机，就较为辛苦，只有一站的话，舒服得多。虽说需十二个小时，但是午夜航机，吃饱饭，看看电影，睡一觉，黎明抵达，也不觉时差。

经过海关，马上看到意大利人的个性，随随便便，糊里糊涂。不必填表格，只瞄护照一眼，盖上印，就让旅客出来。

九月中入秋的天气，最为清爽，身上有些余暖，不觉冷，大家穿短袖，就那么坐上车去。

直达科莫湖畔的市中心，还早，很多店尚未开门。众人散步的散步，看教堂的看教堂，已感到有点冷，去买件披肩，有一间小百货公司已营业，但货色不多，皆来自中国。

我第一件事就是去找雪糕吃。若说天下极品是北海道的浓牛奶软冰激凌，那么意大利的比它更胜一筹，他们叫为“忌拉图（Gelato[①]）”。如果用英文问意大利人哪里有ice-cream卖，他们一定会明知故问：“什么叫ice-cream？ Gelato就有！”

湖边那家雪糕店，什么味皆齐全，装在一格格的大箱中，任君点食。樱桃的、芝麻的、椰子的、草莓的，但说到最滑最香，还是纯牛奶的云尼拿[②]。若贪心，则可多加几大匙的焦糖（Caramel），包你吃过不羡仙。

游览完毕，乘车到半山一家著名的餐厅，叫Nabedano，黄色小屋，花园种满各种树木和香料，爬墙的花更美。里面古画不少，但没有庄严气氛，天冷了可烧壁炉，一切给客人舒适和温暖的感觉。

女主人已是第四代传人了，在等食物上桌时带我到偏厅的小花园，里面种有一棵分叉的梧桐树，说已有两百年。树干外皮剥落，呈色彩缤纷的图案，餐桌的布依此设计，极为调和。她又说我坐的那张桌子，是好莱坞巨星乔治·克鲁尼最喜欢的。这家伙

---

① Gelato：意大利的甜品代表，被奉为冰激凌的经典。——编者注

② 云尼拿：指香草（Vanilla）味。——编者注

懂得享乐，在科莫湖边买了一栋别墅。

冷盘为地中海虾沙律，接着是乳牛扒、鱼和小种龙虾配自家制的短面，水牛芝士配煎帕尔马火腿。甜品是我点的“忌拉图”，先将面包条烤成花纹，雪糕和糖片最后才加上去，漂亮到舍不得吃。

饱饱，走下山坡，见地上有几颗大栗子，抬头一看，巨树参天，结满带刺的栗苞。大家像小孩子，脱下鞋往上一抛，又肥又胖的栗子掉得满地都是。

折回码头，我们的酒店Villa Serbelloni[①]游艇前来迎接。以为乘船一下子就到，上了船问船长，才知要一个小时。原来科莫湖甚大，有一百四十六平方公里，水更深，由阿尔卑斯山融化的雪水蓄成。

游艇经过无数的小镇和半山城区，湖畔的房屋一间间，五颜六色，远看似玩具，近观甚为宏伟，皆有私人码头，其中最著名的别墅不是大明星那栋，而是意大利科学家Volta（伏特）住过的，我们的电压“伏特”，就以他命名。

Villa Serbelloni建于一七八八年，本为私人别墅，后来给美国的洛克菲勒基金买去，改为五星酒店。

下船后再爬阶梯才能抵达大堂，高楼顶，空间尽情浪费，处

---

① Villa Serbelloni：塞尔贝罗尼别墅酒店，坐落于贝拉吉奥小镇。——编者注

处大理石、水晶灯、古董挂墙地毡，布满古画。从落地玻璃窗望着湖景，每间房皆有向湖的阳台，房间巨大，让客人觉得住入古代贵族的家里。

小睡之后，醒来已入夜，走进酒店的餐厅，吃意大利菜，看明月，人生乐事。

头盘是瑶柱刺身，另一道是低温处理的鸡蛋加鱼子酱、自家制水饺，上面铺帕尔马山芝士和黑松露菌。接着是鱼，最后以烤乳猪收场。

大厨Ettore Bocchia[①]前来打一转招呼就走，前面几道菜都不错，最后的烤乳猪的皮并不脆，侍者前来问意见，我坦白告诉他。

吃完时，大厨才出现，拼命解释他们的乳猪皮，当然没有中餐的好吃，他来过香港，吃过，很喜欢，知道我的评语是对的。原来这个人是派了小侍者当密探，先听了才跑去报告，他中间失踪，是先想好了怎么应答，也难为他了。

翌日的早饭为自助餐，老实说，我宁愿这种方式，好过一份份的。当然从数十种面包的选择开始，其他也应有尽有。科莫湖靠近帕尔马，火腿当然一流，最过瘾的莫过于吃附近山区皮埃蒙特的芝士了。

《国家地理》杂志出版的那本《一生的美食之旅：全球500处

---

① Ettore Bocchia：译为“埃托雷·博基业”。——编者注

必访美食胜地》之中，也列出该区的芝士为必食的。早餐中的芝士种类数不清，我一一试之，又香又硬的当然好，还是更喜欢口感如丝的软芝士，全天然，毫无防腐，实在大开“口”戒，每样一小块，已半饱。

芝士配水果刚好，当今的梨最成熟，甜得很，但不及藏在冰桶的那两瓶Asti Mascato[①]。这种独一无二的甜汽酒，酿制方法为世界历史最悠久。一般酿酒的葡萄很酸，这一带用的是最甜的品种。放在密封的木桶中发酵，会产生五到七个巴仙的酒精，这时自然产生气体，冰冻了喝。

这两大瓶酒没有客人去动，我不客气地干了一半，吃着上好的芝士。这一天，将是美好的一天。

① Asti Mascato：阿斯蒂莫斯卡托起泡酒。莫斯卡托是皮埃蒙特最著名的白葡萄品种。——编者注

米兰之旅（中）

从酒店往帕尔马走，车子要爬过一座高山，路弯弯曲曲，虽然说风景漂亮，但也不该受此折磨，即刻请导游公司安排一艘船，回程可以走水路。人数不多就有这个好处，可随时改变更舒服的行程。

进入Alba（阿尔巴）山区，再经过以酿甜汽酒著名的Asti（阿斯蒂），抵达帕尔马。此地的生火腿近年来给西班牙的光芒盖住，其实一点也不公平。意大利餐中帕尔马火腿配蜜瓜，还是重要的一道菜，这种颜色橙红，又不是太咸的风干肉片，百食不厌。

不过来到了帕尔马，就要吃甚少输出到国外的另一优良品种，叫库拉特罗（Culatello）。

我们到专门做库拉特罗的工厂参观，制作过程是这样的：选上等猪腿肉，去皮去骨，选最精美的部分，略为抹上一层盐，然后取出一片像塑料袋的东西，原来是晒干的猪膀胱皮。用水一湿，软了，就把整块猪腿肉塞了进去，然后以熟练的手势用绳子左捆右捆，扎了起来，好似一个篮球的大小。

把这个东西挂起来，在室内风干。帕尔马的气候和风力最适宜制作火腿。两年后，大功告成，已缩成一个沙田柚般大的肉块，不必用防腐剂，只有盐。功夫大，没有多少人家肯做，一年只生产一万三千个。

切片试吃，和一般的帕尔马火腿比较，色泽较深，香味更浓。肥的部分占十分之一，其他脂肪进入肉中，和日本大理石牛肉一样。很奇怪，风干了那么久，下的盐又不比普通帕尔马少，但一点也不咸，细嚼之下，还产生甜味。

在西班牙火腿变成天价时，库拉特罗便宜得很。到小卖店去，要了真空包装的三百克，才两百多块港币，反而只是肥膏的白库拉特罗（Branco Di Culatello）不便宜，两百克要卖八十多块港币，是天下最贵的猪油了。意大利人拿来搽面包吃，说比牛油美味。

附近的山村里，有一个大胡子巨汉在等候，身旁一只狗，是《花生漫画》里史努比的Beagle[①]种。由它带路，我们走进森林找松露菌去。

---

① Beagle：指米格鲁猎兔犬，又称“比格犬”。——编者注

大汉说我们来得正好，九月十五日是挖松露菌的解禁期，必有收获。果然看到史努比的亲戚一个箭步冲前，即刻猎到。虽说不用猪，用狗来寻找才好，可是史努比表弟一口把松露菌吃了下去。

大汉把它的口掰开，取出来一看，是小颗的黑菌，就赏了给狗吃。史努比表弟大乐，继续找，愈挖愈巨型。我们看到大汉诚恳地笑了出来，这种乡下人，是不会事先把菌埋了来骗我们的。

回到村屋，大汉拿出各种皮埃蒙特芝士，毫不吝啬地把挖到的黑松露菌刨在上面，香味扑鼻，我们吃到不能再吃，方罢休。接着他把浸黑松露菌的橄榄油拿出来，大量地淋在刚出炉的面包上。再怎么饱，也要吞几块。

接着，我们到帕尔马市内的Stella d'Oro[1]去。这里食物精致得很，当然由库拉特罗开始，接着是山羊奶酪卷烟肉，下面铺小苦菜，黑猪猪肩肉饺子和黑松露菌汁，帕尔马猪脚，用Mascato甜酒代替焦糖的布丁等。这家餐厅也经营酒店，经花园的二楼都是客房，意大利人就是那么会享受，男女饱吃一餐，再上楼去。

建议各位游帕尔马区时，干脆就住在这家餐厅里面，吃完睡，睡完吃，其他要做些什么，随你。

但是说到最精彩，还是翌日下午吃的Restorante San Marco了。

---

① Stella d'Oro：斯特拉多罗酒店。——编者注

一进门，就看到一大盘的白松露菌，个个拳头那么大，以为是给客人欣赏的，原来全部让我们享用，是一顿松露菌大餐。

当然，配鸡蛋、薯仔蓉，当成肉酱淋猪扒、牛扒等吃法都齐全，相信大家也试过，并不出奇，但有一道菜，我想不会有太多人吃过。上桌一看，竟然是一条餐巾，卷起来铺在碟上。搞什么名堂？餐巾餐？一摸，很热。打开来仔细一看，里面包的竟然是几颗小意大利饺子，一股浓浓的香味扑来。

原来，白松露菌也要吃当天挖到的，不然就没那么香，而且一被削成薄片，味道消失得厉害，只好在饺子渌[①]熟时，迅速削片，再即刻用餐巾把它包裹，让煮过的水饺热气焗了出来。这时进食，是最高境界。

接着来的是一片炸库拉特罗，上面铺了一层鹅肝酱，一层又一层的饼。一数有数十层之多，又深红又粉红，然后切块来吃，配的是最佳的Barbera d'Alba[②]红酒Vigneto Gallina，有个犀牛当标志，和Moscato d'Asti甜汽酒。更好的其他几道佳肴，已不必去提了。

"是不是很完美呢？"餐厅经理搓着双手来问。

"不。"我严肃地回答。

---

① 渌：古同"漉"，意为渗滤。——编者注

② Barbera d'Alba：阿尔巴巴贝拉。巴贝拉，是意大利最被广为种植的一个葡萄品种。——编者注

“为什么？”他诧异。

“意大利所有的餐厅已禁烟。饭后没有那根雪茄，是不完美的。”

“啊。”他点头同意，“那是优雅的年代，已经终结！”

米兰之旅（下）

车子一直往山上爬去，山坡皆为葡萄园，树上挂满黑色的果实，真想走下去摘一些。

看到一车车的葡萄往酒庄送去，山路颠簸，葡萄压葡萄，汁液流出，留下一道痕迹。

这里种的都是做甜酒用的，绝对不酸。司机看到我贪婪的表情，笑着说："酒店大把供应。"

山顶上的Relais San Maurizio[①]，由修道院改建，一共只有三十一间房，我们入住的都是以前僧侣的卧室，很宽敞，他们很会享受的。

大厅的紫檀花由天井挂下，满室皆是。天气还是寒冷的，壁

① Relais San Maurizio：圣毛里齐奥雷莱斯酒店，位于皮埃蒙特地区的葡萄酒产区中。——编者注

炉生着火，发出松香。大家都说这么优美的环境，应该住上两个晚上，但我们的行程不允许，真可惜。

是时间吃晚饭了，Da Guido餐厅从前是修道院的马厩，非常宽阔，众人开玩笑，说连马也住得那么好。

把红砖墙漆为白色，一排排地摆着小圆桌，点着蜡烛，气氛极佳。

吃的尽是当地的特产，一切自给自足，不从外地运来。以为中午那餐太过完美，这一顿也不差，甜品和芝士留给我们的印象比其他食物深，一道又一道，以为没了，最后还上各种手制糖糕。

清晨一大早起来，自助餐上果然摆满葡萄，但还是觉得不过瘾，越过栏杆钻进葡萄园去采。给露水一洗，好像干净得多，味道也好得多，吃得我满身紫色，回到室内泳池冲个白白地出来。

未进米兰之前，我们先到附近的都灵（Torino）一游，这个古城市的特色在于商店街旁皆有人行道，有上盖，下雨也不怕。

想找间古董铺子，买几根又长又瘦的拐杖送给查先生等，自己也来一根，走起路来优哉游哉，但没看到，反而走进一家很高品位的烟草店，买了一把半截拇指般大的刀子，兽角的柄，拉出小刀，在凹处放了根雪茄，一按，即剪开烟头，非常精美。

到一家全市最老的餐厅去，叫Ristorante Del Cambio[①]，食物水

---

① Ristorante Del Cambio：坎比欧餐厅。——编者注

平很高，但与那家的松露菌一比，已失色。今后的几家，也不会再谈了。值得一提的是我坐的那张桌子，曾经是个著名的政治家的指定席，他在这里发表的名言是："改革已经成功，是时候坐下来吃饭了。"

我们最后一站才是米兰，四季酒店躲在名店街旁边的一条小巷子里，大车驶不进去，酒店分几辆小轿车来大街接我们。

门口不起眼，但走入大堂就觉出它的气派，虽然也是由一座修道院改建，但是规模大得多，像进入一间博物馆。

建筑形态以拱形为主，大厅走廊皆是拱形门框。走到尽头看到楼梯，一层层椭圆形无尽延伸上去，屋顶是一个圆圈，看起来像只大眼睛。

由房间往外望，就是大教堂Duomo[①]和购物大堂，后者是游客必经之地，钢铁架成的玻璃天花，买东西时不会被风吹雨打，几百年前，已经是那么先进。

有些朋友已经等不及行李来到，出门走几步路，就是著名的购物街Via Montenapoleone[②]了，什么名牌都有。

我却在房间内休息。四季酒店集团之中，我最喜欢的有匈牙利和巴黎那两家，都是在全市最热闹的地区由古迹改造，现在可

---

① Duomo：指米兰大教堂。——编者注

② Via Montenapoleone：蒙特拿破仑大街。——编者注

以加多这一家了。

在房中的贵妃椅中一躺，拿出平板电脑来看微博，上不了网。离港时买的3G卡，说只要按入号码就行，全意大利通用，结果还是失败，只能靠酒店大堂的Wi-Fi。打电话回香港投诉，服务亦佳，派了一个专人来酒店为我联机，结果发现是对方给的密码指示出了问题，我向来人再三声明，错不在我。那个意大利职员也老实，点头道歉。

晚上，是吃一顿中餐的时候了，米兰市中有好几家，结果来到“香港楼”，店主是新加坡人，说二十多年前查先生来到，也是他招呼的。久未闻中国米饭香，大家也吃得津津有味，下次可以去另一家我常去的，叫“金狮”。

翌日大家都大买特买，到了米兰，如果不添几套新装，好像对不起自己。一件衣服，在香港卖三万多港币的，这里只要两万多，省了一万，还可以扣税。

意大利的消费税没有一定的标准，如果买完了到机场领回，货物带着走的话，可扣十一个巴仙，算起来也不少。要是你不带走，给店里邮寄的话，那么能扣到十八个巴仙。这一点较少人知道，是个好办法。

第三章

带来风景的人

皇宫分伊斯兰教庙和埃及宫殿，都是邮差一个人的幻想力，塑出来的动物，四只脚并排，是没有透视学的，反而像古代壁画一样，很有美感。

西湖畔上的女人

第二天一早，我往西湖跑，看日出。

晚一点，西湖畔上就会出现很多妇人卖龙井茶，纠缠不清，难摆脱。

“先生，要不要买珍珠？”岂知走到后即刻跳出来一位中年妇女向我招徕。

看她勤劳，这么早出来做生意，很想光顾。如果是茶叶，不管好不好，买它一两罐算数，但是这种珍珠买了干什么？杭州又不是以珍珠著名。那女人把一串珍珠拿在地上的粗石磨了又磨：“先生，珍珠都没那么真！”

广东人也有这么一句话，听得亲切，向她说：“珍珠不要了，给点小费吧！”妇人摇头拒绝，真有骨气。

畔上还有人练太极剑。一个少女骑了单车担着一撮剑来卖，练太极的妇人和她讨价还价。我看那把剑的钢水不错，震了一下还摇摆个不停，自己学过几招，也想买把玩玩，就凑上去听价钱，当地人买的一定错不了。

“五十块人民币。”少女说。

便宜得不能相信，那么好的一把剑，手工也不止。但是鞘上雕的东西太过花巧，我要的是把平实的。

“你那把，一百块钱卖给我好吗？”我看到耍太极的妇女手中剑，正合吾意。

“用惯了，”妇人摇头，“不卖。你到前面去，有间店选一把好了。”

走前，果然有间宝剑专门店，看到我要的，标两百多，我知道底价，出五十。售货少女做为难状，结果以六十成交。

提着剑散步到岳飞的坟墓。

“多少钱买的？”有位妇人问。“六十，很合理。”我说。她微笑：“我们买，三十。”

发现一个道理，今早遇到的尽是女人。

杭州男人懒，还在睡觉，他们命好。

杭州娃娃

来到杭州，众人去的一定是什么灵隐寺、西湖、龙井茶山、岳王墓，但是我们安排了一个节目，去胡庆余堂。

在内地已经再也找不到一间那么完整的清代商店了。胡庆余堂至今尚在营业，不知是不是胡雪岩的子孙掌管。

里面有“真不二价”的金漆招牌，给客人一种卖的药一定不会假的感觉。

药店的一大部分已经改成草药博物馆，要买票才能进去参观，不过也没有什么看头。有一部分有医生开方，也代客人煎药。

外墙上的“胡庆余堂”几个字大得惊人，这种广告要多少年后才在纽约出现？当今的香港、上海也没有那种魄力。

红顶商人的小说和电视连续剧家喻户晓，是来了杭州非游不可的一个胜地，不是徐胜鹤兄提起，我也不知道。

走出来，看见一妇人，手提竹箩，里面的东西看都没看过。一束束绑着的细枝，长着粗茎，褐色。远看像一扎核桃仁，仔细观察，茎端有一颗颗像胡椒粒般的种子。

“这是什么？”我即刻好奇。

“金钩钩。”妇人回答后折下一段。

我就想那么放进口。妇人阻止，摘掉那些胡椒粒般的种子，原来它们是不可以吃的。

“试试看。”她说，“杭州娃娃才吃的。”

没洗过，金钩钩和她的手。可是不能犹豫，一犹豫就伤其自尊心，我吃下去。

真甜，又带一股清香。

导游看到了问我像不像吃葡萄，我觉得比葡萄甜多了。

听导游说是他们小时候常在山上采的，当今空气污染，这种树几乎看不到，儿童们又认识了瑞士糖，没人碰它。

我运气好，当了“杭州娃娃”。

汉语比赛

这次到北京，是陪金庸先生来的。中央电视台有个大型的鼓励外国人学汉语的比赛，金庸去当首席评审。

来自世界各地的几百名参赛者中选出四十多个，再挑选十五名决赛，得奖的可在中国任选一地留学，包括住宿的来回机票，加起来二十几万人民币。头奖三名，其他人也有丰富的奖金。

第一个环节是用汉语自我介绍和朗读志愿，为时两分钟，中间挑选题目问答，最后又要过知识题的一关。

越南来的女选手穿民族服，学邓丽君唱《月亮代表我的心》，俨如职业歌星，咬字清晰，很有水准。

余兴节目中还有身材高大的金发姑娘跳扭秧舞，甚有趣。

美国来的女子和斯里兰卡的少年扮《骆驼祥子》中的虎妞和祥子，虎妞给弄大了肚子那一段情节，祥子不认账，虎妞大哭大叫："我不要活了！"把观众笑破了肚皮。

有一位来自德国的参赛者，还专门研究鲁迅的《狂人日记》。

参加的人不管奖金有多少，志在得到一个"汉语使者"的荣誉。有了这个衔头，足够他们一生人找到工作。

节目当然也有缺点，像问答题的答案全在一本书上，熟读了什么问题都回答得准确，这就没什么意思了。

比赛结果，头三名的得奖者来自新加坡和越南。这些人本身和中国语文的接触机会多，对一个汉字都不认识的白种人来讲，并不是太公平。

金庸先生事后建议，今后的比赛如果能分华裔和非华裔的，就更完善。主办者都觉得有道理，拳击赛中也分重量级和轻量级，男女足球队也有分别的嘛。

北大演讲

这次到北京，顺便做一个电视节目，但主要目的，还是去北京大学，向学生们演讲。

到过剑桥、牛津、耶鲁、哥伦比亚和海德堡大学，就是没去过北大。人生第一回，也是很刺激的。

同事们带我在大学中走一圈，看到了未名湖和那个供水塔。校园内桃花开遍，全树花，一点叶也没有，粉红得灿烂。

建筑物不统一，这一栋那一栋，老的新的，杂乱无章，是没规划，也把传统的部分拆除建新之故吧。

礼堂是金庸先生讲过的，我在同一个地方沾上一点光，有点喜悦。

挤满了年轻人，我主动地请在门外的同学走进来坐下，说别那么严肃，当成朋友交谈。

我一向不会准备好讲词，开场白说了一段简短的什么光荣之至的客气话，就请同学们发问。这个方法最好，反正是同学最喜欢听的话题，好过自己决定。

“尽管问好了。”我说。

最初的问题很长，同学们手上拿着笔记，自己发表了一些言论之后：“有三个问题。第一……第二……第三……”

我最怕这种问法，第一个还记得，谈到一半，第二第三的都忘记了，还是请他们再问一次，耐心地从头答到尾，大家很满意。

接近尾声，我要求问题越短越好，我的答案也尽量精简，像球一样，抛来抛去，搞得气氛非常热烈。

越讲越放肆，拿出小雪茄来抽，同学们先说不介意，最后干脆从和尚袋中找到两斤装的玻璃瓶二锅头喝，得到的掌声最大。

华山论剑

回到宾馆，请陕西电视台工作人员放当天金庸先生行程的录像带给我看，这次盛会一共三天。第一日的“华山论剑”我错过，只能参加第二天的“法门说禅”和第三日的“碑林谈艺”。

虽然没亲自经历，电视上出现的华山，是一整块硕大的花岗岩构成，近看悬崖峭壁，奇险无比；远观石峰林立，气象森罗，海拔两千一百多米，直插云霄。

一般人认为华山论剑，一定以比武和影视明星出现为卖点，大加炒作，金庸先生则说：“华山论剑是一次文化活动，我希望远离娱乐、远离商业。”

本来有很多赞助商想出钱搞宣传，后来听他这么一说，都撤退了。

“我小说中那些武林功夫都是根据一些史书记载，然后加入自己想象而成，有时自己都感到难以相信。”金庸先生笑着说，“中国人讲话很文雅，论剑不一定非得要有剑。如果真是比试谁的武功最高，那就很没意思了。”

参加的有“巴蜀鬼才”魏明伦、编剧杨争光、导演张纪中等。几位嘉宾分别笑谈“剑影江湖”“侠旅萍踪”“金剧春秋”和“情为何物”四个主题。

各人发表的意见也很有见地，等出DVD时，有兴趣的人可以买来看一看。

陕西的天气一直不是很好，灰灰暗暗，尤其是西安，空气污染更是严重，我笑着向当地人说：“住久了忧不忧郁？”

但是拍华山论剑的那一天太阳忽然出来，电视摄影队员和记者们都很兴奋。等拍完后下山，华山才出现了一次山崩，爆出很多泥土。华山缺土，当地人也高兴。

最后华山旅游公司送给金庸先生一方“武林盟主”的巨印，重三十五公斤，不能靠谈论，真正有武功的人才有力气拓盖。

法门说禅

第二天九点从西安出发，前往一百一十公里外的法门寺。

这间寺庙香港人知道的并不多，名气不如秦始皇兵马俑，但是出土的文物，对研究宗教和历史考证，价值却不逊于其他古迹。

建于公元五五五年，后来一直加筑，到了唐朝，是皇帝们专用的庙。寺中有一古塔，早已荒废，直到一九三九年才由国民党元老朱子桥修建，当时他发现塔下有个唐代的地下宫殿，国势并不太平，他严命“原塔封存”，以待后人发掘，是位大公无私的人物。秘密一直没被泄露，到一九八七年才由一群考古学家挖出。

惊世的宝藏中，有佛祖的真身舍利子。舍利子，是梵文“Sarira”的音译，意为死尸，并不一定是火化后的遗骨。真身舍利，是佛祖没经火葬的身体一部分，在古塔下，竟然找出了佛祖的指骨，是世界上目前发现的有文献记载和碑文证实的最高圣物。前几年被借到台湾，一路上都有信徒跪地奉拜。

就算你对佛教还有疑问，呈现在你眼前的唐代遗物，如玳瑁开元通宝钱币、完整的宫廷茶具、双轮十二环大锡杖、紫色玻璃瓶等巧夺天工的艺术品，绝对值得一看。更难能可贵的是发现了七百多件的丝织品，堪称是唐代丝绸的宝库，对丝绸考古是空前的发现。

我还看到两件磨茶叶成粉和装茶粉的银器，精美无比，和陆羽书中记载的一模一样，把日本游客看傻了。

金庸先生和方丈说禅，愈谈愈严肃，电视节目编导拼命在背后叫我说些观众听得懂的，轻松一点的。我就以一个金庸书童身份乱问些浅白的禅语，搞得两位大师啼笑皆非。

其实我这个人学的都只有半桶水，记性又差，做查先生的书童，这辈子难当。

碑林谈艺

第三天是“碑林谈艺”。我到西安最想看的就是碑林了，趁金庸先生和各位学者还没有抵达之前，我早两个钟头来到这里仔细观赏。

冯康侯老师教我的第一课，从临摹王羲之的集字《圣教序》开始。这块原碑中熟悉的字体，一个个呈现在我眼前，是多么亲切！看着字，想起仙游的冯老师，不禁下泪。

“书法先讲实用。”老师说，“《圣教序》上的行书变化多端。你临多几遍，自然能够脱胎换骨。”

从小养成的丑恶字形，“脱胎换骨”那种武侠小说中才出现的四个字，说什么我也不肯相信，但长期的临摹下，才知道老师没教错，要是我现在的字还见得人，全靠此碑之赐。

在内地还没开放时，我一直想亲自看看，苦无机会。听到张艾嘉的叔叔张北海能去西安，请他用双手摸摸，拍一张相，再给我摸摸也好。当今藏在玻璃柜中，接触不到，但总算了了多年来的心愿。

碑林后头，有两个年轻人在墨拓黄山谷的字，手法纯熟，不到十分钟便拓下一幅。卖的价钱不算低，但用墨奇劣，有阵臭味，好好的碑帖，登时打了一个折扣。

“你们那么拼命拓，碑文迟早给你们拓平。”我说。

那两个小伙子回答：“宋朝人写的字，清朝人刻的碑，历史不长久，坏了也不要紧。”

是的，在西安，几百年的事，并不算久。

论坛开始，几十位来自各地的学者和作家，包括贾平凹，讨论金庸先生的作品。查先生本人说：“赞美的话可以免了，请大家尽管批评。”

可惜的还是赞美居多，有些人还准备了草稿，照着念。前几年在台北举行的那场论坛，各人先把发言写成文字，让大家阅读，谈论中就能节省不少时间，这种方式，今后可以参考。

陈慈黉故居

来潮汕，最值得看的一处名胜为陈慈黉故居。

没有一点江南巨宅的小桥流水庭院设计，一切都是实实在在，总之是大大大。

大小厅房一共有五百零六间。传说有一个小婢女，专门负责窗户，早上打开，中午吃完饭，再一扉扉关上，已是天暗。

南洋一带的潮汕人，说到陈慈黉，没有人不认识，香港人对他也不陌生，南北行就是由他父亲建立的。

陈慈黉的爸爸陈焕荣打鱼为生，靠航海发迹。陈慈黉又随之到泰国做生意，如日中天，在一九〇〇年，汇了四百万个龙银，建筑这间大厝。

现在看来，到处还有“文化大革命”时破坏的痕迹，当年还被国家当牛栏和仓库，并有几间房改成监牢。

但建筑物本身是以水泥为骨架，保留得完整。分成四大座：郎中第、寿康里、善屋室和三庐书斋。小姐们住的那座门窗很小，她们三步不出，但有一个抛绣球的阳台，出嫁前露一露脸。

屋子大了，连学校也建在里面，小姐们是不让她们读书的，但是聪明的潮汕女子，总不甘心，四书五经不让看，但收集词句的“歌册”倒随手拈来，她们就靠强记歌词来识字。

女人争取起地位来，有一股不可思议的力量，同样是重男轻女的陈氏家族，这座故居，原来是一个女人一手一脚设计和督工的。她是陈慈黉的小媳妇，没有人记得她叫什么名字，但她有足够的学识融入西洋建筑，也够魄力请当年书法家华世奎，以一字千金聘请，一共写了十二个字。女人的力量永远不能低估，她怎么说服家公拿这些钱出来花，也能构成一部电影的好题材。

吉庆街

武汉的吉庆街，是全国独特的。

一条长街上挤满人群和店铺，未到达以前，先听到音乐。

各种乐器：琵琶、二胡、洞箫、西洋风琴、萨克斯等。除了钢琴搬不来，不然街边表演的艺人都会用上。

每一个档口都有人来拉客，谈笑兄带我们到他相熟的面档坐下，叫了些小食。实在没地方装了，也糊涂地各试一口，味道极为普通，但来这里的客人，不是为了吃。

一对对的小姑娘前来招徕，以为我们是台湾客，拼命要唱《绿岛小夜曲》给我们听。

小女孩样子机灵，乐器又玩得纯熟，要在这里找女子十二乐坊，绝对是易事。

其中歌喉极佳的不乏其人，好好包装，就是几十对Twins了。

唉，同人不同命。

“听个湖北大鼓吧。”老板推荐。

唱大鼓的老人中气和表情十足，自称上过中央电视台和凤凰卫视，问我们要听什么段子，每段二十块钱。

我选了《怕老婆》和《酒鬼》，题材最通俗的，湖北口音也能听得懂吧。笑话并不好笑，少了所谓的“棺材钉（Punchline[①]）”，但不苛求。

接着一对中年男女来表演，又吹笙又打筋斗又扮跛子。那个笙你吹一口我吹一下，不怕传染伤寒吗？还好，原来是一对夫妇。

这一类的传统表演都是代代相传的，街头艺人老了就找个伶俐的小孩来教，许多基本功不是从小记住，长大了就难培养。

一方面，看表演者的脸上笑，并非真正的笑容，露天的舞台到底不是演艺厅或电视台，也得不到欧美街头艺人的尊重，替他们感到一阵阵的悲哀。

---

① Punchline：意为妙语、画龙点睛之语。——编者注

幽　默

第二天一早便去领台湾通行证，托了一位漂亮的有力人士，十点半取得，赶搭中午飞机。

整群工作人员在机场等我，一出闸即刻拍摄新一辑的旅游节目，好在这次并没带嘉宾，要不然更是不好意思。

除了主持李珊珊之外，我们在当地找了三位老朋友出镜：周华健、杨惠姗和莫文蔚，加上新朋友梁咏琪，都是极有趣的人物。

杨惠姗是两届金马奖影后，忽然不干电影跑去制造水晶，经十一年的奋斗，得到骄人成绩，创立"琉璃工房"，海内外著名。

莫文蔚在台湾唱片界发展得有声有色。当晚的对谈在华西街的台南担仔面中进行，她带了一瓶一九八二年的Petrus[①]，大家喝得

---

① Petrus：帕图斯葡萄酒。——编者注

笑嘻嘻。

梁咏琪人长得高大美丽，没接触之前还以为只是偶像派歌手，交谈之下才知道她有一个很纯真可爱的个性，任何人都会即刻喜欢上她。

周华健在台北开了一家葡国菜——木偶餐厅，我吃过，以烤龙虾羊扒见称，在台湾能找到那么正宗的馆子也真不容易。

餐厅中有个小舞台，乐器齐全，华健一有空就去享受音乐，他自己当老板，就算客人不爱听他唱歌也赶他不走。

刚要录像时，任贤齐跑了进来打招呼，这位后辈对华健很尊重。华健爱才，对他一点架子也没有，抱着他像孖生[①]兄弟。

不但歌唱得好，周华健是位极喜欢看书的知识分子，家庭和工作安排得很妥当。谁说成功人士一定是为了事业而放弃陪伴家人？时间是自己控制的嘛，华健说得轻松。

周华健还是一位很懂得嘲笑自己的人，幽默到极点："上一次蔡澜来，店里的大师傅拿出沙丁鱼、烤香肠来招呼，我问为什么我来此进餐多次，从来没吃过，大师傅说是专程托人在澳门买回来请他的。"

---

① 孖生：意为双生、孪生。——编者注

摄影发烧友

早上又到澳门的龙华去，这家挂满鸟笼的古风茶楼，香港是找不到的。

我在澳门的时间很短，第一次来，由钟伟民带路，他老兄要睡到下午一点，不打扰他的清梦，这回没去找他，和郑先生一家三口前往。

茶楼店里的摄影沙龙，有许多新作品，看到了周润发兄拍的两幅。

本来我建议他送一张照片给龙华补壁，岂知周大哥一听，觉得不好。

“还是亲自走一趟吧。”他说。

结果他和几位喜欢摄影的友人去了，刚好遇到老板何先生和他爸爸在一起，就为他们父子拍了一幅，当今放在店里，真是有纪念价值，看得令人感到温暖。

这位摄影发烧友也给过我一幅静物，拍的是一碌[①]玉米，放得很大，黑白之中，色调有层次，光与影极美，我挂在办公室墙上。电影界人物藏龙卧虎，有艺术天分的人不少。当年邵氏有一位井淼先生的剪纸艺术更是高超，可惜没有向他要一幅收藏，至今后悔。

收到周大哥作品之后，我传真了一封信感谢他，愿身体中某部分有那么粗壮就好了，他闻后大笑。

润发兄有一群好友，都热爱摄影，大家不辞辛苦，翻山越岭记录自然。发哥又有自己的黑房[②]，他那么有钱，当然收购了全世界最好的冲印器材，听说装备得像一座黑暗皇宫。

去龙华拍的那天，澳门颇寒冷，他身穿丝绵夹克，戴一顶渔夫帽，一进店就即刻噼里啪啦，替何先生父子拍完就走。

“为什么不留下吃那碗又大又香的葱油白切鸡饭？”我问。

“那么多人一认出他，就围上来求合照和签名，他总是来者不拒的呀！”周润发的拍照友人代他回答。

---

① 一碌：粤语，意为一根，用来形容长条状物体。——编者注

② 黑房：Darkroom，内地多译为“暗室”“暗房”，为冲洗胶片的地方。——编者注

理想皇宫

如果你去法国南部普罗旺斯玩，别忘记到一个叫Hauterivers Drome[①]的小村庄去看“理想皇宫”。

并非什么宏伟的皇宫，只有二十六米长、十四米宽、十二米高罢了。样子像儿童在海滩上建的砂堡，幼幼稚稚，笨笨拙拙，但的确是一座看了毕生难忘的作品，比许多出名的教堂、皇宫都出色。

原来是一个没有学过美术的邮差一手一脚建的，总共花了三十三年。

这个叫Facteur Cheval[②]的人，有一天送信时踢到一块石头，像

① Hauterivers Drome：法国德龙省欧特伊夫村。——编者注

② Facteur Cheval：译为“薛瓦勒”。——编者注

中国画的云朵，样子很奇特。当晚他做了个梦，那块石头变成一座皇宫，翌日他便发誓把这个梦变成现实。

在一百多年前，大家都当他是一个傻子或疯子，想不到他一块一块石头拾起来，一个个贝壳收集，就那么砌着。一天又一天，一年又一年，开始时还是白天送信，晚上才工作的，从正式退休后，才整天整夜地建筑。

最欣赏他的是一个帮他用鸡公车推石的工人。他说："建这座皇宫的是一个普通的老百姓，看他完成这座宫殿，就知道人类的伟大，一心一意想完成些什么，都能做到。我为他推石头推了二十七年，觉得这一生没有白费。"

皇宫分伊斯兰教庙和埃及宫殿，都是邮差一个人的幻想力，塑出来的动物，四只脚并排，是没有透视学的，反而像古代壁画一样，很有美感。

夏天来看这座建筑最美了，打了灯，像走入一个童话世界。因为邮差是在晚上才工作，夜里看才更有效果。冬天来看也好玩，盖上雪，有如蛋糕。

邮差想死后葬在这里，但是村人都反对，要他埋在公墓。邮差不能和毕生心血同眠，是件憾事，但对艺术的贡献，却不是能被夺取的。

西班牙石阶[①]

在香港看世界天气，西欧温度六月底介乎十五摄氏度到二十四摄氏度之间。白天很舒服，早晚很凉，带了几件厚一点的衣服。

飞机降落罗马时，机师报告："天气晴朗，目前温度十五摄氏度。"

要不要加件衣再走下来呢？

最好是从窗口看地勤工作人员穿些什么。

都是半袖的。意大利人真不怕冷，十五摄氏度还穿得那么少！走下机，一阵热风。

原来，六月底已经是那么热了，什么十五摄氏度？机师完全在骗人。香港的天气预报，也是一点都不准。

---

① 西班牙石阶：指西班牙大台阶。——编者注

在酒店中洗了一个澡就去一家餐厅拍摄，吃完中饭走向罗马的名胜西班牙石阶，头上的太阳更晒得厉害。大家一身汗湿，寒衣多余。

“为什么在罗马市中心的石阶，不叫意大利石阶，而要叫西班牙石阶呢？”新拍档李珊珊好奇地问我。

这个基本的疑问，倒是没有人提起过，我解释：“这里从前有西班牙大使馆，拆后建石阶，所以叫西班牙石阶。”

好在我还念过一些历史，要不然一定给她考倒，继续说：“这个石阶是法国人拿钱来兴建的，本来应该叫法国石阶才对。”

附近名牌时装店林立，一年一度的时装节发布会就在这石阶公开举行，通过电视传播到世界各个国度，意大利可真会做生意。

从石阶走下来，遇到一群台湾旅客，用福建话大嚷：“名牌在哪里买？”

本来看到暴发户总生反感，但凭日行一善心情，由我这个老牧童遥指杏花村。

他们谢也不谢一声，拿出一沓美金：Gucci！ Versace！我来也！我来也！[1]

一群吉卜赛扒手跟着，相信是有报应的。

---

① Gucci：古驰，意大利奢侈品品牌。Versace：范思哲，意大利奢侈品品牌。——编者注

小 费

从英国到挪威的第二天途中，半夜十二点要拨快一小时，英国差中国七个小时，差挪威一个小时。

我本来一上飞机，已忘记了香港是几点，但星期天上船，翌日的星期一要做香港电台的《晨光第一线》节目，这时我的Nadin表[①]发挥了作用，它是分钟照行，时针上下一按，即可前进或倒退到当地时间。

算准香港上午九点，我跑到甲板，站在那里等电话。现在用的是卫星Iridium[②]，因为在公海中手提电话的漫游已失去功能。

Iridium把六十六个卫星送上太空，全球每个角落都能通话。

---

① Nadin表：雅典表，1846年在瑞士勒洛克创立。——编者注

② 卫星Iridium：铱卫星，由围绕地球的66个运作中的通信卫星组成。——编者注

在露天，效果才好。

等等等，香港电话还不来，北欧的半夜两点，虽说是夏天，还是寒冷的，有种寂寞凄凉的感觉。

诗云：“如此星辰非昨夜，为谁风露立中宵？”人家是等情人，值得。我在等做电台节目，想起来好笨又好笑。

电话接通，声音清楚得很，闲聊了一会儿，我被问这次航行到底要花多少钱。

我一下子回答不出，此趟是被查先生夫妇邀请而来。回到房间后，翻看价目表，十二天的航程从一千七百美金到一万两千美金。如果早九个月到一年之前预订，则可省数百至一千美金。

相差的只是房间的大小和看不看得到风景，吃的玩的，则是一样。这是美国公司制度的好处，无欧洲式的头等、二等、三等。

但是不管你付多少钱，小费还是要照规矩给。船上的说明书讲明：小费是一种非常私人的事，对于第一次乘船的客人，我们列出以下数项，供你们参考：

餐厅侍者，四十二块美金。侍者助手二十四块。收拾房间的四十二块。侍者主任九块，在下船前一个晚上付给。

心算一下，单单小费，是一百一十七美金，约一千港币，跑不了的。

人生百态

起初看见一个小岛，岛上有数棵松树，像东方松，弯弯曲曲，不是西方直不笼统的那种。再下来两个、三个、四个岛，至无数的岛。

船从岛中穿过，两侧陆地上有零零丁丁的小屋，七彩缤纷像玩具。抵达挪威首都奥斯陆。这是一个不见摩天楼的城市，四百五十四平方公里，大多数是湖泊和森林，只住四十六万人[①]。

我们上岸走了一圈，王宫、教堂、国会等，都留不下什么很深的印象，它的建筑物并不宏伟，历史也不算悠久，没什么个性。

反而是当代雕塑家古斯塔夫·维格兰（Gustav Vigeland）的作品代表了挪威。

---

① 现已有七十多万人。——编者注

人生百态，加上生老病死，维格兰的雕塑人像都不穿衣服，身材肥嘟嘟的男男女女都露着生殖器。这令我们想到香港为了一个男人的裸像闹纠纷的笑话，人家几十年前已经露了几百条子孙根和聚宝盆，社会也吹不起歪风，我们怕些什么？实在落后！

中间那根人叠人的石柱子，一看就知道国殇之柱是在抄袭它的，意义虽好，但是艺术性不高，属二手货。

每一个石像都有不同的表情，一个哭泣的男孩，充满愤怒，表现出人的劣根性。另一个女孩恨恨地瞪她的弟弟，也显出人类原始的妒忌心。仔细观赏，才能在那无数的石雕中找出它们。走马看花的话，没什么意思。

维格兰从一九二一年开始雕塑，到一九四三年死去，二十二年间能一手一脚地创造那么多作品，也是一件奇迹，绝对值得一看。

另外有Munch博物馆[①]。Munch在一九四四年去世的时候把一千张以上的绘画赠送给奥斯陆市，其中有代表作《呐喊》，是一个抱头吼叫的小孩，看过的人，无不被作品吓倒，恐怖中的恐怖，没有一张画比得上。

---

① Munch博物馆：蒙克博物馆，为纪念挪威著名画家爱德华·蒙克而建。——编者注

对　的

我们来到澳大利亚悉尼，前来迎接的司机是一位非常风趣的人物。

阿卜长得高高瘦瘦，不抽烟。

驾了两小时的车，一定停下来，让我们抽几口。

“法律规定我们不能连续工作两个小时。”他笑着解释。有没有这一条法律？他说有就有吧。

每一次，我们在酒厂试酒，喝得大醉，阿卜总是做羡慕状。一天，我拿了一大杯给他，说这是奖励。阿卜不肯接受。

“旅馆很近，你送我们回去就收工了，喝一口有什么关系？”我说。

“有一口就有第二口，我对自己没有信心。”阿卜说，“不过你要我喝，我就喝。我老板说顾客永远是对的。”

每次看到香港小姐们在店里买了沙律吃减肥餐，阿卜总是说："Ah，rabbit food！（啊，兔子食物！）"

香港小姐们有点气恼，他连忙补救："Healthy！ Healthy！（健康嘛！健康嘛！）"

阿卜驾的是Murray公司的车，打工罢了，但他很尽职，停下来时不睡觉，拼命把车子洗得干干净净。

我们在小山坡上面野餐，摄影机和灯光器材用人手搬上去很吃力，阿卜说："我替你们把车子驾上去。"

"又没路，怎么驾得上？"我问。

阿卜不管三七二十一，硬驶，笑说："Mr. Murray要是看到我这么糟蹋他的车，一定晕倒！"

"他会看到擦烂的地方。"我说。

"是的，他一定会骂我！"阿卜说，"不过我会向他说，他们要我把车驾进大海，我也照办，是你告诉我：顾客永远是对的！"

灵　气

这次来泰国，住曼谷文华东方酒店，被安排下榻套房。只有东方和新加坡的莱佛士套房安上作家的名字，文化气息很重。

诺埃尔·考沃德（Noel Coward）和萨默塞特·毛姆（Somerset Maugham）的套房，是东方最大、最豪华的，两个人都曾经在他们的游记中提起过这家印象深刻的旅馆。

在二十世纪初期，交通不是很发达，电视也不普遍的时候，西方人最初踏入泰国领土，那种完全不同的感觉带来的惊叹，是能够理解的。一切都带着神秘和喜悦。他们想不到在东方还有那么繁荣的地方，他们受到另一种文化的冲击，令他们沉思。

这次住的套房以芭芭拉·卡德兰（Barbara Cartland）为名。

此人是谁？简单的比喻，她是西方的琼瑶，一个深受少女读者爱戴的三毛钱爱情小说作家，作品四五百部，还有数不清的自传、历史研究、社会哲学、戏剧、电台广播、诗歌、电影、卡通著作，更少不了她的烹调书。

当然，她是一名大富婆。臃肿的身材套上粉红和带羽毛的奇装异服，手脚上都是名贵的珍宝，带着松毛小狗从楼梯走下来会客的那种俗不可耐的人物。

作品之受欢迎，也代表了读者的俗不可耐趣味。大家都俗，就不是俗，是普遍现象了。

这间套房很大，一房一厅，有私家厨房，窗外走廊之大，足可以摆十几张卧椅，望夕阳。室内图书橱中摆设作者选择的名著和自己的书，桌上有她写给酒店的话，感谢东方用她的名字做一间套房，还有一副卡通，画一个书评人咒骂了作者，也许她会来打架，最后一格画的是一个胖女人拿了棒子找上门。卡德兰能容忍这种自嘲，代表她有一份灵气，也许是这份灵气，作品才与众不同，不是阿猫阿狗作家。

不简单的女人

芭芭拉·卡德兰（Barbara Cartland）这个女人颇不简单，除了爱情小说多得进入吉尼斯大全之外，她有不断的精力去旅行和推销自己的作品。

年轻时，她忽然有个奇想：如果用滑翔机来送信，岂不节省能源？不怕死，她亲力亲为地当机师推行。

也曾经为兄弟助选，成功地推举他当国会议员，后来战死，卡德兰为他写了本传记，千方百计地请英国首相丘吉尔来写序，也显出她提高自己身价的才能。

她一生为圣约翰救伤队做过不少事，也卷起一个提高护士薪金的运动，又当世界爱情小说协会的会长。

吉卜赛人也欠她不少。她致力维护这流浪民族的权利，令到国会通过法律，安顿他们在屋村住下。吉卜赛人感谢她，把这座村叫为“芭芭拉村”。

殖民地国家读者无不喜爱她的小说，印度更疯狂到给她一个勋章。远在一九七二年，她的书一卖就是七百万部，而且还翻译成希伯来文、希腊文和土耳其文。以色列更封她为女爵士。她来过香港好几次，还上过英文台电视。

在一九七八年，她雇用英国皇家交响乐队，为自己唱的《我在找寻彩虹》灌唱片和录卡式带。传说中，她和蒙巴顿伯爵有过婚外情，是不是真的不知道，和戴安娜王妃是亲戚，倒是假不了。

一九八六年，曼谷文华东方酒店以她为名，设了芭芭拉·卡德兰套房。

这次我住进去，才知道她那么多东西，房中还有一封信，抱怨说装修得粉红色不够，实在是八婆一个。

但是，我宁愿住八婆套房，也不想住毛姆和考沃德套房。此二君，虽是名作家，但皆为同性恋者，不知阴魂散了没有。

女　性

缅甸女人也围纱笼，上身一件很紧身的短衣，隆重场合加多一件披肩。

纤体公司在缅甸做不了生意，女人多数很瘦，身材修长。

样子像昂山素季的女人很多，清清秀秀，非常有礼貌，先给外籍人一个强烈的好感。

也只有在仰光才看到女人的头发还是黑色，这是多么难得！当今东南亚、日本、韩国的大都会中，女人头发不是棕色就是金黄，差一点忘记本来的乌丝是怎么一个样子。

电发要花钱的，少女们多数是清汤挂面式的。垂直的秀发迎风飘扬，轻轻拂到巴士车上少男的脸上，相信心中会为之一荡吧。

上了一点年纪，多数打了一个髻，插上朵大红花或几朵白兰，端庄中带着迷媚，很奇怪地将昂山素季的形象重叠在她们脸上。

大概对于钱没有什么观念，我在书店中买了一堆关于缅甸的烹调书，一共是四百多块港币，拿了一沓五千Kyat[①]给女店员，她们两人算了老半天，还不知要退还几张给我。

“你们有空的时候做些什么？”我问。

少女微笑：“到大金塔中走走，有时也去坐禅，我们这里有很多坐禅中心。”

“拍拖呢？也去庙里？”

“为什么不可以？”她们反问。

“出来做事一个月有多少收入？”

“大学毕业生，每个月只有三十美金，我们有五十。”她们相当自豪。

马路上，可以看到双颊涂黄颜色粉末的女子。那是一种水粉，用一种叫Thanakha[②]的树皮磨成，华侨称之为“香皮”，据说可以除雀斑和青春痘，令皮肤柔嫩洁白。除此之外不化妆。

我也买了一盒，两块港币。好玩嘛，睡觉之前涂了满脸，半夜起身上洗手间，照到镜子，吓得一跳。

---

① Kyat：缅币，是缅甸境内流通的货币名称。——编者注

② Thanakha：译为“塔纳卡”，香楝树，俗称缅甸香木，生长于泰国、缅甸。——编者注

第四章

好玩人生

看来看去，没有一样东西买得下手。……最后看到火柴盒，瑞士方糖那么小，非常可爱，五块港币一盒，买了一些，高兴得不得了。

青青世界

深圳友人带我到一个叫“青青世界”的地方。

“是不是乔羽作词、那英唱的那首《青青世界》的青青世界？”我问。

友人点头：“如果今天下雨，那里更美。”

从市中心前往，需时三十分钟，到了一个叫月亮湾的地方就看见青青世界。依山建筑，有当旅店的小木屋、别墅式的洋房和餐厅、专供饮茶的茶寮、摘果的果园、看蝶的蝴蝶谷、小孩游玩的侏罗纪公园等设施。

最主要的是经营者强调环保，灌输儿童们这个新意识。入门大厅摆设着废物利用的工艺品，像一棵上万个汽水塑料空瓶组成的圣诞树。花园中的一条巨龙，闪闪亮亮，原来是十几万张CD光盘堆砌的。

其他活动包括了厨艺班和陶器的制造等。也有给大机构来这里学习的教室，让员工们集体训练。我们经过时，员工们正在打扑克牌，这种训练，没有人会反对吧？

在餐厅中可以吃到现采现炒的青菜。课堂里教你怎么做南京糕、番薯饼、萝卜蛤肉煮鲈鱼、杂锦豆腐煲和胡椒炖猪肚等佳肴，强调进食时喝该地种的芦荟汁、木瓜汁和番石榴汁。

“印象如何？”友人问，“是不是非常环保？”

我笑着说：“最不环保的，是把这么一块自然的地开辟出来做人工的东西。”

说完，我有点后悔。到底，创造这么一个游乐场所，总比开一个高尔夫球场好，世界上最不环保的就是高尔夫球场，只供少数人玩乐，但破坏大自然最厉害。青青世界在比较之中，理想是高尚的。如果你想带儿女一游，青青世界好过迪士尼乐园，这是我的看法。儿童们不会同意的。

平　衡

白天鹅宾馆位于沙面，从前是领事馆区，幽静之外，两边的树，更是我喜欢的。较少的是扁桃树，更多的是樟树，又高又大。还有最具代表性的榕树，气根长满在树干上，牢牢缠住，变出各种形态来。

广州的榕树多数叶子不大，故称之为“细叶榕”，而榕树属于桑科，但不能养蚕吧？管理人员钉上一块块的牌子介绍树的拉丁学名，看到“树龄”那一项，年轻的是一百三十岁，大一点的一百八十，有些还考据不出。

清晨睡不着，到沙面大街散步。路和路中间有个长形广场，足够打羽毛球。有些老师傅在教太极剑，要女弟子耍一套，师傅看后不赞许，她撒娇：“蔡先生在那里瞪住，叫我怎么耍得好？”

另一边一群老太太在练习扇舞，遇到什么节目，就叫她们去表演吧。

孤独的也有，正在做退后功。倒退着走，大概每天都是同一个路程，所以不回头看也不会跌落坑渠。

散步到珠江边更是热闹，天桥底下还有几档麻将。赌徒真是勤劳，连桌椅都搬来，一点都不觉得重。

这一带的建筑物中设有原美国领事馆、沙面基督教堂、天主教堂、西堤邮局、孙逸仙医院等。很多家餐厅，一早饮茶，半夜也能吃到点心。“白天鹅”的早点很精彩，走几步路，到胜利宾馆，更是价廉物美。

黄沙地铁站就在附近，去什么地方都方便。我在这里走走，主要目的是看看有什么房子可以出租，将楼价高的旧屋室内装修一新，也是个好主意。

香港再住下去，看到街上的人都苦口苦面，易受感染，需要去一些气氛和蔼的地方住几天，心理才能平衡。

佛山书城

出版新书，来佛山为读者签名。佛山有些什么？

“啊，”当地人说，“你连黄飞鸿都不知道吗？他是佛山人呀！”

对，怎么没想到黄飞鸿呢？

记得的东西倒是石湾陶瓷，那独有的石榴红，红得不混浊，红得清心，实在艺术性很高。也许是这个爱艺术的传统，佛山人也好读书，所开书城，是继广州、深圳之后，粤省中的第三大，但是佛山人口只有四十几万人①。

更没想到的是，顺德也归佛山管辖，顺德的名气，比佛山大得多，地方也应该更广大，可能是顺德人好吃吃出名堂的缘故。

书城占地四五万平方英尺，是香港人认为不可思议的，所卖

---

① 据2020年第七次全国人口普查，佛山常住人口已达九百多万人。——编者注

书籍，根据负责人说，有六万种左右吧，不包括CD和VCD。

“怎么这么多孩子？”我问。

负责人笑了：“有些父母亲上班时把儿女放在这里，下班了才来接他们走。我们的书城，像托儿所。”

能培养小孩子的阅读兴趣，是件好事，我自少爱看书，当年如果有这么一间“托儿所”，那我发达了。

“有没有人偷书？”我问。

“嘿，”负责人说，“前一阵子偷得厉害，我们只好把书放进玻璃柜中，客人要翻一翻内容，我们才拿出来。”

“是吗？”我有点高兴，兜了个圈子问，“为什么不设防盗机？”

“防盗机时常乱响，而且我们这里地方大，也很难控制。”

“是吗？”我若无其事地说，“那么被偷的是哪一种书呢？”

“电脑书。”负责人回答。

大失所望，脸红了一阵子，勉强地笑，哈哈哈哈。

潘家园旧货市场

上一次去北京，到了中国最大的古玩中心，有数层楼，几百家商店。载我去的司机说："如果这里没有你喜欢的，可以到附近的潘家园去，那里有个体户出来摆摊子，也许能够找到一点好东西，不过要星期六或者星期日才开的，今天去不了了。"

这一回归途乘的是下午的飞机，刚好碰上星期六，就请司机带我去逛逛。

好大的一个地方，像座公园，门口写"北京潘家园旧货市场"几个大字。

走进去，看见分两个部分，三分之一的地方叫古玩所，是半永久性的建筑，店铺七八排，足有百家之多。

至于星期六、日才有的摊位占全面积三分之二，另有一处专卖古书。

洋人游客也闻声而至，穿插在人群之中。我先到古籍摊子，看到卖的都是一些可以扔完再扔的书，但是公仔书[①]部分就很有趣。找到小时候看的连环书，当中也有刘旦宅和范曾的作品，后者已经成为大师级人物，但照我看来，当年的连环画精彩过当今的所谓名画。

古玩所中卖的东西大同小异，看得头晕眼花。中间有家专卖葫芦的，店名叫“葫芦徐”，用广东话发音，意思是有一股葫芦味道。

临时摊比较多花样：西藏来的法器、新疆的弓箭和马鞍、云南的银器和刺绣等。也有瓷器、石头和家具市场。

“都是假的。”司机批评。

“当然啦，真的古董也不许出口呀！”我说，“假如好的话，没有关系，真古董只放在博物院隔着玻璃看。假的还可以拿来摸摸。”

---

① 公仔书：一般指连环画，又称连环图画、连环图、小人书、小书等。——编者注

丰子恺艺林

到了上海，还是喜欢逛福州路，这个旧时的风化区，当今已是文化中心，各家书店和文物店都集中在那里，夹在中间的是巨大的“杏花楼”。

本来卖的是粤菜，但也有豆瓣酥、松仁雀肫、京葱羊里脊可吃，大堂更有卤味、甜点和粽子出售，仍然是老上海人喜欢去的地方。

到“周虎臣曹素功笔墨庄”去买笔。我一向不注重工具，用过数次即扔，总是一些便宜货。这次在店里找到一管二号齐头笔，竟要卖到一千二，怎么那么贵？手一摸，即刻被笔毛之柔顺吸引，只有掏腰包。

又去其他各家找红宣纸，准备过年时写挥春[①]，但多数厚度不

---

① 挥春：粤语，意为春联。——编者注

够，红得不鲜艳，走过多家，最后才买到数张。另外找到了浅绿和浅灰色的仿古宣，我最爱用这种纸写字，真有古色古香的感觉。买了一刀，学过书画的人都知道，一刀，就是一百张。

抬着宣纸，乘车到中山西路，那里有家天山茶城，所有茶庄都集中在这里，一共数百家，但我不是要来买茶，是专程造访“丰子恺艺林”。

这是丰先生女儿丰一吟经营的小店，里头挂满其父的木版水印绘画，又有各类有关丰先生的书籍。

看到和丰先生老师弘一法师一模一样的书法，原来是他孙女写的。弘一法师的真迹已贵得不得了，孙女的卖三四百元一幅。

买了弘一法师的木版水印观音像和他抄的《心经》，另买一册《丰子恺遗墨》，由华宝斋古籍书社出版，印刷得非常精美，令人爱不释手。

一吟也临摹其父的画，一幅三四千元。很奇怪地，最简单的笔触，是最难学到的。

店里也卖印有丰先生事迹的布袋，买了几个送人。又见印着丰先生漫画的瓷碗，很可爱，但以为会打破，没购入，现在后悔。

傅抱石展

短短的十几小时澳门行，最充实的还是临上船返港前，参观了澳门艺术博物馆的“傅抱石百年纪念画展”。

百余件作品从南京博物院借来，是由傅抱石夫人罗时慧捐出的精选，我们可以同时间欣赏到傅抱石的字、画和篆刻。

傅抱石一生主张“气韵生动”，说过：“我认为中国画需要快快地输入温暖，使僵硬的东西先渐渐恢复它的知觉，再图变更它的一切。换句话说，中国画必须先使它‘动’，能‘动’才有办法。”

最浅易的“动”，从下雨开始。这次展览画雨作品很多，《潇潇暮雨》《风雨归舟》《大雨落幽燕》等，都难得亲睹。对于雨的画法，傅抱石的境界最高，如果你也喜欢画雨，不妨参照。

除了雨，还有瀑布，在《不辨泉声抑雨声》这幅画中，把这两种音响和动感表现得淋漓尽致，叹为观止。

通过雨，我们也听到风声、雷声及闪电的光芒。泉水流动或壮观，或幽寂，一切都是诗意。

看了水，就要看山了。傅抱石用破笔表现山石的折叠，独创了所谓的“抱石皴”。皴为国画画山石时，勾出轮廓后，为了显示山石的纹理和阴阳面，再用淡干墨侧笔的画法。“抱石皴”是古人之画中不曾见的。

人物画也深有意境，代表作皆展出，有《山鬼》《丽人行》《琵琶行》。画美人的眼睫毛，轻轻几笔散锋，写出女性内心感情。画男性，傅抱石一连串的《醉僧图》写怀素的故事，书法和篆刻都值得看，题着：“人人送酒不曾沽，终日松间挂一壶。草圣欲成狂便发，真堪画入醉僧图。”

金庸图书馆

这次去澳门，主要是当查先生的傍友，陪他为当地的金庸图书馆开张做演讲。一路的电灯柱上挂满此次盛会的旗帜，澳门文化局做的宣传功夫实在足够，馆址是由一间百年当铺修建的。

古色古香的展场中摆了多种初版的《书剑恩仇录》和《射雕英雄传》，薄薄的一册册，当今已成为绝版古籍。多个国家的翻译版本齐全，有越南文、泰文、韩文、日文和英文等。

手稿最有欣赏价值，可以看到查先生的真迹。另外有他的修正本稿，将旧版的字体放得大大的，方便查先生一字不漏修改。木刻的屠龙刀、倚天剑只是装饰品之一，更有查先生亲笔题字的横额和对联。

多得澳门文化局局长何丽钻的支持，才能把这座古当铺保留下来，改为图书馆。地点在新马路的大街中央，是澳门的心脏。

新马路充满旧建筑物，目前整条街都属于文物保护区的范围。促成整件事的是文化会馆营运总监林中贤，他把最初的构想直接写信给查先生，没想到查先生会答应，又一次证明凡事只要肯尝试，机会总有五十五十；干讲不试，机会是零。

同时参观的是开在金庸图书馆旁边的“德成按”当铺，建于一九一七年，当时的用具一件件陈设其中。当铺是赌场的副产品，澳门最多。我们只能把东西献上，内部是怎么一个运作看不到，现在有个难得的机会了。

当天下午查先生在澳门艺术馆做一讲座，谈到中国人的仁义侠气，他说：“懂得仁，才会喜欢友好的融洽气氛及互相帮助；重义，才会做必须做的事；心存侠，才会不计较私利，帮助需要帮助的人。”

又空又大的舞台，只摆着从“南阳叶氏攻玉山房”借出的明朝黄花梨周制南官帽椅和一张绿石面插肩榫酒桌陪衬主讲人，听觉、视觉都是享受。

黄石元作品

每次赴台中，都要去附近的三义走一趟，到过三义的人都知道，这是一个木雕之乡。镇上有几条街，开满了木刻工艺品店，让游客怀疑村里的人，是不是个个都干这一行业。

那么多家店铺，走进哪一间才好？第一次去三义，我就摸上了三义木雕博物馆，那里收齐了当地标青的作品，只要把所有木刻看一看，就知道谁是真正的艺术家，谁是匠人。两者之间，也就差那么一线，比较一下，即见高低。

最吸引我的，是黄石元的创作，不刻拿着大刀、怒目相视的关公，也没有张牙舞爪的达摩，不刻鹰，不雕象，只有造型安逸的人。

释迦也好，行者亦妙，他的神明和僧人、道士，都不像仙，只是一个平平凡凡的人，一个有烦恼和喜悦的人。

技巧异常地高超，人物面孔以工笔写真，衣着则用粗犷的刀法写意。木刻刀拿在黄石元的手上，像一块木炭，在纸上轻描又轻描，一层层，意境极高。

趣味盎然是黄石元作品的特点，每张面孔似乎都在说一个故事：《野叟》形容一位高傲的雅士，不随波逐流，拂袖而去；《市佬》写一位长者，饱受沧桑，已不问世事。

好不容易打听到这位艺术家的住宅，上门造访，黄石元先生原来很年轻，四十多岁吧，平易近人。

他带我到三义的工作室去，看了许多未完成的作品。后来我又到台中鹤轩艺术中心看他的展出，一系列的作品有《彳亍》《木怀古韵》《如是菩提》《心象行者》，人物的造像，一尊尊地从严肃的表情转到欢笑，是很有趣的。

最后一次见面，黄石元送了我一尊小小的木刻，描写一个四五岁的小孩，被大人强迫打坐，皱起眉头，心有不甘，但可爱到极点。看了又看，发现这个小孩，样子长得和作者一样，大概是在商业与艺术中挣扎，有感而发吧？

雨　声

“明晚一起吃饭？”友人问。

“不行，要去台中。”我说。

“打台风，你还敢去？”

我笑了出来，只要飞得了，没事的。从曼谷回到香港，翌日我和团友们到台中日月潭，在“涵碧楼”赏月。

事前当然先通过电话询问，当地的旅行社友人说：“我们还要去烧烤呢。”

原来我们过中秋是提灯笼，而台湾人过中秋多去BBQ，“烧烤”只是代号，表示不受风雨影响。

飞机在降落台中机场时，忽然接到通知。那个以为已经走的风，打回头，降落不了。

团友问：“怎么办？”

“我想会飞到高雄去的。”我说。

果然不出所料，高雄没风，安全降落。从台中机场到日月潭也要两小时，从高雄去，多一个钟罢了，既来之，则安之。

当地同事已安排好车子接机，我们先到最好的餐厅“蛘之屋”吃中饭。烤大膏蟹、蒸三角鱼，十几道菜，丰富的一餐，吃到大家不能动弹。

金瓜炒米粉也很精彩。金瓜就是南瓜，本身甜，加上小蚬肉，更甜，只要加点盐，其他调味料不用，和细如头发的米粉一块炒，百食不厌。上车，倒头大睡，醒来已抵达“涵碧楼”，房间非常宽大，团友们无不赞好。

“可惜下着雨，看不到湖景。”我有点不安。

这群人，来自各行各业，有的是医生，有的是律师，有的是在内地开厂的。众人和我到处吃吃、喝喝，已是一支“兵团”，东征西讨，朝着美食国家进军，都对我很好。

“可惜下雨，看不到湖景。”我说。

团友们笑道：“我们也喜欢听听雨声。”

感到老怀欢慰。

快

台北故宫博物院重新装修，举行一个宋代展，有些作品因接触到空气会损坏，六十年才展示一次，我毕生之年也不会另有机会，乘机办了一个旅行团，特地跑去看看。

临摹的黄庭坚的《松风阁》，以前都是普通版本，只能观其形。后来日本二玄社用最先进的大型相机拍下，印刷成精美的仿制品，看出笔画的重叠处，知道从什么地方下笔。当今仔细观察真迹，更有所顿悟。

苏东坡的字也不少，更多米芾的尺牍，蔡襄的留下不多，宋四家算是这次看得最齐了。

对陶器的知识不多，这次展示的汝窑，全球也只剩下五十多件，台北故宫博物院藏的二十多件，再向世界各国博物馆借来十多件，一次看过了，更为难得。

同行的团友陈先生，是香港鉴赏古物的专家，我看了字画后死都跟在他身边，听他的解释，得益甚多。

精神食粮到底没有实在餐饮那么诱人，我们除了看台北故宫博物院的展出，还大吃特吃。去的都是地道的台湾菜馆，台湾人叫为“办菜”的，是种到会的菜。这种厨艺已逐渐消失，当今全台湾能做得好的大厨，十指可数。

古物留下，美食一失传了就不复在，我一直呼吁保护濒临绝种动物之余，也要保护传统的厨艺，但这似乎行不通，年轻人不懂，也不好学，还是能吃多少就吃多少了。

台湾传媒也真的厉害，这三天行程，不断地报道，不单是报纸，电视新闻最犀利。消息一传出去，你家有，我家没有怎行，记者摄影队蜂拥而来，弄得团友们有点不耐烦，实在对不起他们。

发现台湾的媒体，报道得比香港更快。像我们一点钟吃午饭，摄影队前来拍摄，外面停了一架转播车，将片段即刻剪辑，两点钟的电视新闻就播了出来。香港的还要拿回公司慢慢编过，晚上出街已算好，大多数要等到翌日看晨早新闻了。

和尚袋流浪记

我在普罗旺斯一间古堡菜馆尝过毕生难忘的一餐，酒足饭饱，忘记了一切，包括那个黄色和尚袋。

一伙人出发，到了别处，才发现。不肯麻烦大家走回头冤枉路，心中暗暗叫苦，袋里有块贵重的手表、信用卡，最重要的是电子记事簿，少了它，许多朋友的美好回忆随风消逝。

打电话去询问，古堡餐厅的经理说：“恭喜你，找到了，我们会用邮包寄到你下一程住的旅馆，请放心。”

那种自豪的语气令人舒服，我没有考虑去停止信用卡的服务，手表和现金是身外物，只要将记事簿寄回来，已心满意足。

到了里昂，住三个晚上。天天问柜台有没有收到包裹，看到的只是摇头的表情。

在里昂，我有一个医生朋友，通信通了三十年，从来没见过面，他是女友的旧情人，为我们维持联络，因为这个女友居无定所，到处流浪。没有记事簿找不到人，的确懊恼。

离开里昂时包裹还没收到，原来是餐厅经理没用快邮寄出。一路上和里昂的酒店联络，走了之后，邮包才抵达。这次他们说是用速递，到了巴黎酒店，绝对寄到。

巴黎有航空展，我们中间要换旅馆，当邮包到达，我们又转了一家，结果还是看不到影踪，打电话到最新的酒店，千吩咐万吩咐，有个邮包一定要收起来好好保管。

终于到达，因为名字写错了一个英文字母，酒店柜台将包裹退了回去。这次我火了，指着经理的鼻子大骂。第二天派人到邮局，才物归原主，东西完整，不失一件。

前后花了十五天，望着这个和尚袋，我说："辛苦了。"

免　谈

“坐邮轮，全部是老头子吗？”朋友问。

“年轻的也有，四五对男女还在船上度蜜月，小孩子也不少。”我说。

“年纪大的，是不是都退了休？”

“有些做生意的，不必请假。”我说。

“换句话说，还是老的多？”

“是。”我回答，“他们有资格来享受。”

“年轻人没有资格吗？”

“花自己的钱，任何人都有资格。”我说，“父母带来，不够资格。”

“年轻人也不会想到坐那么闷的船呀。”朋友不屑地说。

“受了那沉船电影的影响，大家都以为可以站在船头，伸出双手当翅膀，坐轮船成为流行，年轻人都来了。”

“到底可不可以站在船头的？”友人问。

“不可以。”我说，“船头根本走不过去，在船尾露露屁股倒有地方。”

“你们乘的是最大的吗？”

“我们那艘船只有七万吨，最新建的有十四万吨，大一倍，客人也从一千八百人加到两千六百人，美国最大的航空母舰也只有十万吨，伊丽莎白女王Ⅱ号才五六万吨，泰坦尼克号，三四万吨罢了。”我说。

“想不想坐那艘最大的再去玩玩？”

“要到明年才下海。”我说，“不过大家都说先让别人去。泰坦尼克号是在第一次航海的时候沉掉的。”我笑了出来，“而且，要准备两千六百人的吃的，不会好到哪里去。上船下船，排起队来，更花时间。”

“你还没有直接回答我，”朋友追问，“到底还会不会再坐邮轮度假嘛？”

“单独去是绝对不会的。”我说，“完全要看是什么人做伴。飞机飞行最长只是十几个小时，坐船的话至少几天。不是好朋友，免谈。”

诅　咒

到印度尼西亚的一个小岛，主要是给一张明信片吸引了。

从房间望出去，私家游泳池无边际，像和海连在一起，全部是蓝色。

上岸后有小车载到旅馆，我看到椰子树被砍伐了，这倒不要紧，椰子很粗生[①]，过几年又是一片丛林。但是，油木、榴梿和充满气根的菩提也都倒在地上，低洼中积满死水，蚊子成群。

拖拉机的油迹铺着小岛，这里铲平一座山丘，那边挖了一个人工湖。

为什么破坏？为了建造高尔夫球场呀。

有了球场才有其他的享乐设施，我们为后者而来，也是帮凶

---

① 粗生：粤语，指植物对环境条件要求不高，繁殖力强。——编者注

之一。

昔日苏格兰高尔夫球场的优雅到何处去了？它们都是依大自然而建筑的，不影响生态。现在的高尔夫球场，像大地头上的癞疮，贴着一块块的膏药。

值得吗？到底打高尔夫球的人占的比率有多少？为什么专做来给这小撮人用？但是话并不是那么说，有钱赚才有人干这种事，象征着这个市场是巨大的。为什么有那么多人打高尔夫球呢？道理很简单，从前的暴发户，先用一块劳力士表表现身家，后以奔驰车炫耀。当今不会打高尔夫球，就是穷鬼一个。

没钱入会籍，不能参加真正的游戏，就像只能买铁达时手表、本田汽车一样；这群二等人，先在高尔夫练习场挥几棍，过过瘾。

亲自到了拍明信片上风景的地方，风景的确幽美，但仔细望海，已混浊，漂着一个个的塑料袋。我们小时的沙滨，没有一处不是清澈见底的，才短短数十年，全世界要找个完美的海边，已经不容易。

该处的度假胜地和高尔夫球场，我再也不想看到，诅咒都来不及。

动物国

南澳州[1]人时常在保护动物和杀戮动物之间互相矛盾。

前些时候他们要杀袋鼠岛上过多的五千只树熊[2]，被全国人民骂得半死，结果不了了之。

最近又有“蛇王”集合起来，抗议杀蛇。蛇是受国家保护的动物，大大小小，不管是什么蛇，都不能杀，所以南澳州的中国餐厅绝对没有蛇羹这道菜。

只有在受到蛇攻击的时候，人才可以名正言顺地以牙还牙。另一个例外是当蛇生病或受了重伤，才能下手。

如果抓到一条蛇，你有义务在四十八小时之内把它拿到森林

---

① 南澳州：指南澳大利亚州，位于澳大利亚大陆南部海岸线的中心位置。——编者注

② 树熊：树袋熊、考拉。——编者注

中放生，若不遵守，会被判监或罚款。在迫不得已的情形之下杀之，那得写一份详细的报告，解释为什么要那么做。

南澳州现在是进入夏天的时候，也是群蛇最活跃的时候，野生和放生的蛇在树林里愈来愈多，不知什么时候会结队出来咬人，大家都在担心。

另一个案件是有个生物学家，从森林中救获了一群濒临绝种的鸟，将它们调理好准备放生的时候，他的邻居把他告上法庭，结果鸟被充公。等到生物学家申请了抚养准证，把鸟从渔农处拿回来时，死了一只，另一只断脚，其他活着的也不是他收留过的那几只——一定是渔农处把鸟养死了，临时抓来充数。

杀也不行，不杀又太多，袋鼠和树熊是可爱，但是它们蠢得要死。根据生物学家的调查，南澳州动物之中，豺狼和果子狸算是很会动脑筋的。

树熊最笨，又整天只会吃麻醉性的叶子，昏昏欲睡，有时还会睡得从树上掉下来。袋鼠的IQ（智商）也不高，和羊差不了多少。

南澳州最有智慧的动物，是乌鸦。它会反哺，拿东西回来孝敬老人家，有时比人还聪明。

蛇咬人

上旅游巴士到酿酒区的时候，司机问我："昨晚睡得好吗？"

"赶稿，没睡。"

"写些什么？"他问。

"写你们澳大利亚的蛇。"我说。

谈起蛇，这家伙可起劲了："我有一个朋友被澳大利亚最毒的毒蛇咬到手，眼看着马上肿了起来，肉一块块地溶掉！"

"哇，那么厉害？"我惊叫。

"一点也不夸张。"他说，"澳大利亚的医术还没那么发达，最后把他送去伦敦，才医好，好彩[①]救了一条命。"

澳大利亚人一般对英国还是尊敬的，他们由殖民地独立之后，

① 好彩：广东方言，意为幸亏、幸好。——编者注

并没有自卑感，整天觉得伦敦是他们的老家，什么都是英国最好。

像Penfolds[1]酒厂的介绍，也很自豪地说创始人Dr. Penfolds是由英国移民来的。

话题又转回到毒蛇。

“杀一条蛇，也要写报告，不然是条大罪。这个政府，管的只是闲事……”司机说。

“澳大利亚有很多毒蛇吗？”我问。

“哼！”这一问，他的火可大了，“我们有五种毒蛇，都是世界上最毒的！”

“那不是常咬死人？”

“不。”他说，“蛇是没有耳朵的，它们听不到声音，只靠地面震动来感觉。它们的感觉很灵敏，感到人类的脚步声，马上就逃走了。它们怕人，多过人怕它们。”

给他一讲，是呀，看到蛇的照片或纪录片，从来没有看见过蛇有耳朵。

“而且，”司机说，“澳大利亚毒蛇，特点在它们的牙齿很短，连牛仔裤也咬不穿，所以咬死人的例子并不多。”

---

① Penfolds：奔富酒庄，是澳大利亚最著名、最大的葡萄酒庄。——编者注

不好意思

一下子，我们从环境幽美、气候凉爽的都市进入森林。

从开普敦坐两个小时的飞机，去约翰内斯堡，然后再乘四个小时的车到克鲁格。

所谓的森林，其实是个国家公园，园中建了一栋栋的房子，砖起，盖茅草。这是我们的酒店，一个人住一栋。

楼上楼下各一间卧室，大厅连厨房，餐具齐全，外面有游泳池和烧烤炉。抵达时已经深夜，再没力气到大餐厅去吃野兽宴，躲在屋内自炊。

把预先买回来的四条玉米滚水煮，再开牛肉罐头，烧了一锅即食面，加大量的洋葱当蔬菜，已是一顿很丰富的晚餐。

清晨，大家还在休息时起身写完稿，周围散步，见原野中是开满红花的树丛，给薄雾盖上，露出红色的头。

走到接待处的大屋，不知有没有传真机呢？心中在嘀咕时，女服务员说："我用Internet（互联网）给你传去香港。"

问多少钱，她摇摇头："网上传真，便宜得很，算是一种服务，不收钱。"

世界各大都市，包括香港，也不会用网上传真，绝比不上南非先进，而且贵得要命。吃过早餐，看动物去。我们到了一个叫Sabi Sabi的野生公园，是私人拥有的，面积比许多欧洲国家还大。

非洲有五大，那是指最著名的五种野兽：象、狮子、豹、犀牛和野牛。野牛挤在其中，因为它最不定性，也最凶残，随时撞死人。

最后加了六大，那就是我们乘的九座位Land Rover[①]吉普车，横冲直撞地在原野奔驰，到处找野兽看。

这么豪华的待遇，与想象中的土著头上扛行李、步行着狩猎的印象完全不同，有点觉得不好意思。

---

① Land Rover：路虎，英国豪华全地形SUV品牌。——编者注

出埃及记（上）

如果你是一个爱旅行的人，那么埃及的金字塔，是一生中必游的圣地。从老祖宗的黑白残照，我们可以看到他们一早已经千辛万苦，跑到塔下拍它一张。当今交通这么发达，还没有去过金字塔，好像说不过去。

为什么尚未去到？皆因人生旅行分两个阶段：年轻时充满好奇心，什么恶劣的条件都阻止不了你的决心；或者，经济基础已打稳，舒舒服服前往。

一错过了，就放弃吧。这时人生总有无数的忧虑，像留多点给孩子、有没有恐怖分子袭击等，让你有一千个理由裹足不前。金字塔？在明信片上或电视纪录片中看，不是一样吗？

我算是幸运，一生中去过三次：背包旅行、工作视察和当今毫无目的地游玩。埃及，一点也没有变，但心情已完全不同了。

第一次接触到埃及，是看了一部叫《帝王谷》(*Valley of the Kings*)的好莱坞片子，由罗伯特·泰勒和埃琳诺·帕克主演。片中他们住的酒店叫Mena House(米那之家)，坐在阳台，金字塔就在眼前，印象犹深，这次我终于入住。酒店已翻新了又翻新，剩下旧建筑当大堂，客房新盖在另一边。当今被印度的Oberoi集团管理，听到这个名字，像少掉很多埃及气氛。

由迪拜飞开罗也要四小时，加上等机，我差不多花了一整天才从香港抵达，中间也只有胡乱地塞一些食物进肚，是时候好好吃它一餐了。写到这里，我想各位最有兴趣知道的是埃及菜有什么好吃的，未来之前我已做好心理准备，有什么吃什么，人家几千年文化，吃的有它一定的道理，发现好的、忍受难吃的就是了。

这么想太过天真，这几天吃下来的，粗糙得不可忍受，而且有一阵难闻的异味，来自他们用的香料，要避免都避免不了。这是为什么？背包旅行和工作时，怎么感觉不到？完全是心情，当你饥饿时，你不会挑剔，我指的是在精神上。

旅行，应该趁年轻。那时，你不会介意对方的牛仔裤穿了多少天，对食物的要求也不会像现在那么嫌三嫌四了。

出埃及记（下）

为什么埃及没有美食？人家也是文明古国，吃的文化，总可代代相传下来吧？

我觉得是地理环境不富庶，就没办法产生什么厨艺。人民维生已是问题，能够糊口就是，哪来的大鱼大肉呢？这只是我个人的观点，不一定正确。

是，建筑金字塔需要无限的财富和智慧，但只是一小撮人在控制，大众还是贫苦的，对饮食没有什么要求。人民的素质，还是很差。

整个开罗很脏，通过市中心的人工运河，两岸堆满垃圾，上百年没清除，再过几个世纪也是同样吧。金字塔还是老样子，经过数次的恐怖分子的袭击，增加了许多荷机枪的人员，称为“游客警察”。旁边的驴子和骆驼尚在，一阵阵的排泄物异味攻鼻，久久不散。我对这个恶臭产生过敏症，已达忍无可忍的地步。

趁年轻时，快点去看金字塔，你会爱上这古老的文明，感叹那伟大的工程，不然，只是堆叠积的巨石。记得我首次来时，去菜市场看奇异的蔬菜，在茶档中和当地人一块吸水烟，那种乐趣，当今重游，已经尽失。埃及没有变，变的是我。

我开始觉得吃饭时看的表演，由一位艺人把身体旋转了又旋转，是沉闷又单调的。为什么好好的民间艺术要拉得那么长，重复又重复？再怎么好看也感到无聊，像看到我们的舞狮，永远是同一动作。就算那诱人的肚皮舞，那女的身材再好，舞姿再怎么挑逗，也因为拉长了来表演，令观众失去了兴趣。

再值得研究的历史和文明，也迫得我喘不过气来。

忽然，我对埃及感到极强烈的厌恶，想尽快地离开，因为这块古旧的土地代表了我垂垂老矣的心情。

我要学习摩西出埃及，带着的不是以色列人民，而是我那火样红的青春！

看　花

下一站，到葡萄牙。我们从中国香港出发，经过俄国，一直往西飞，先到中欧匈牙利，再由布达佩斯飞到欧洲最西端的里斯本。

当今六月，在匈牙利已是炎热的夏天，但里斯本受大西洋气候影响，一早一晚，还是很冷的。我的心情像天气，这是我们节目的最后一站，想到就快结束，有点冷；想到旧的一段人生旅途结束又有一段新的开始，又热了起来。

当英国殖民地，香港很多人到过伦敦，而葡萄牙殖民地的澳门，问澳门人，都对里斯本不熟悉，别说是香港人了。

我去年和澳门好友廖先生夫妇来过一趟，印象很好，文章我也写过。这次带大家来拍它一拍，看看画面和文字有什么分别。

山丘上窄小的马路，建筑物外墙的瓷砖，令同行的工作人员感叹：“真像澳门！”

到外地殖民的人，总会把梦带去，看不到家乡，也要把异国改变得有点像自己的田园。我微笑：“不，澳门像它。”

往酒店的路上，一直看到很多花。街道两旁种着大树，开着紫色的小花；灯柱中央，每条都有一个小花钵，种着色彩缤纷的花。

“啊，我从来没看过一个城市，有那么多花的！”有人叫了出来。

我发现爱花的人，总带一丁丁的忧郁，老是在叹息花谢的时候，不想知道花又会再开。葡萄牙人也有这种带点忧郁的个性，不像邻国的西班牙，只享受今天的阳光，不管明天是否会下雨。

我们很幸运，能在初夏访问这个国家，要是到了冬天，叶落了，树枯了，一切就会变得阴沉，但在没有花的季节，葡萄牙人也会在他们的墙壁画上色彩，这是他们可爱的一面。每一个民族，每一个城市，都有阳光或灰暗，从什么角度去看，全部由你去决定。我们在葡萄牙看的，都是灿烂的花。

扑头节

已经到了尾声，在飞机上想起葡萄牙这几天，印象最深的，到底是什么?

当然是波尔图的扑头节了，这次很凑巧地遇上，为人生最有意思的经验之一。每年六月二十三日，葡萄牙人举行S. Joao节。S代表了圣，而Joao是葡萄牙语的若昂，纪念圣若昂这位爱情圣人。

从什么时候开始，为什么有这种扑头的风俗，已没有人去考证，只知道在这一天中，用木槌敲喜欢的人一下，对方就会爱上你。

除了扑头，还有蒜花让心爱的人闻一闻。我从来不知道蒜花可以那么漂亮，全紫色，像辐射形地爆开，成为一个紫色的球。

根部就是我们常见的大蒜，由好几瓣结成一粒。长出很长的秆，有一个人那么高。街上每人手上一枝蒜花，卖给当地人是一欧元，等于十块港币；要是花农见你是游客，就要卖十欧元！大棒敲起人的头，是很痛的，当今已变化成塑料做的，我们常见的小孩子玩具，充满空气，敲起来是会“扑”的一声那种。大街小巷都在卖敲头器，有大有小，我要了一个最大的，扑到人家头才过瘾。

到了晚上，整个城市活了起来，我们先到市中心的Ribeira广场[1]，即刻遭受突击，本来想用那个大的反抗，还是以蒜花让对方一闻，较为文雅。

广场中搭了临时舞台，大奏音乐，群众起舞，走了一圈，再到Rabelos河边，那里人更多，大放烟花。

《哈利·波特》的作者罗琳，曾经在波尔图教英语，大概也在这个节日中遇到葡萄牙电视台的记者，头被扑了，和他结婚生子了吧？

闻到一阵烤沙丁鱼味道，走向小摊子吃几尾肥大的，忽然头又被敲，一看是一个美丽少女，向我微笑。有人扑你，是你的好运，我当然乐于接受。用那个大槌打那少女的屁股，她也没当成性骚扰，反而走过来在我的面颊一吻。看样子，我也要学罗琳，在这里定居了。

---

① Ribeira广场：里贝拉广场，是波尔图城市中心的一个广场，在杜罗河边。——编者注

温　泉

除了吃东西、看名胜之外，我们还去浸温泉。最初，我的知识不足，以为有火山的地方才有温泉，匈牙利的大概是以矿泉水煲热的吧？后来才知道泉眼靠近地球中心，喷出的水温高达百多华氏度。

由罗马带来的洗浴文化，经土耳其人发扬光大，又是现代人最流行的玩意儿。布达佩斯一共有一百二十多个温泉泉眼，处处可以看到写着“SPA”的标志。

最大的一个叫Szechenyi[1]，就在市中心，外园黄色，雄伟得像一座皇宫，花园中的温泉，大得像一个奥运用的游泳池，男女老

---

① Szechenyi：塞切尼温泉浴场，始建于1913年，位于布达佩斯的城市公园，是欧洲最大的药用温泉浴场。——编者注

幼都穿着泳衣嬉水。

陪我去参观的女子叫宝石，匈牙利人取一个中国名字，中文讲得顶呱呱，在北京念了六年。她问："一块儿浸？"

"不了。"我摸头，"我浸温泉，习惯不穿衣服的。"

"不穿衣服？怎么可以？"她惊异地叫了出来。中欧人，到底比北欧人保守，如果丹麦、芬兰有温泉，大家早就脱得光光去浸。

匈牙利温泉通常分几个池子，低温的可以长时间泡，看到有些老者还在池浅处下棋呢，虽没池中喝酒那么风流，但也显闲逸。

"要去温泉的话，去最好的，在Gellert[①]酒店里。"安东的好友兹华克先生说。

"临时怎么会得到准许？"我问。

"包在我身上。"他说，即刻替我们打电话，安排好一切。在匈牙利，他最吃得开。

Gellert酒店是座巨大的石雕古老建筑物，已成为地标。酒店失修，但旁边的温泉浴室，古色古香，是件艺术品。我问："为什么没人买下来，整顿一下？又有好温泉，一定会吸引高级游客。"

兹华克先生笑道："这家酒店属于一个九流机构，你想要的话，也要连他们其他一百家九流的旅馆一齐买，谁肯呢？"

---

① Gellert：译为"盖雷尔特"。——编者注

购　物

“有什么值得买的？”这是团友们最感兴趣，每到一处必问的问题。

“水晶。”我回答。

布拉格的商店较有变化，不像匈牙利那么千篇一律卖相同的纪念品，但是水晶店倒是无处不在的。

从前都叫捷克水晶，当今波希米亚这个名字复活起来，所有卖水晶的店铺都打着“波希米亚水晶（Bohemia Crystal）”这张旗帜。

众人纷纷冲了进去，看到喜欢的就买，有的购完空邮到香港，有的认为代价高昂，多重都要手提回家。

水晶灯当然是首选，摆设次之，一套套的水晶酒杯也很受欢迎。我自己住的地方楼顶不高，当然不能挂水晶灯，而且我觉得这玩意儿，还是陈设在餐厅或舞会上好，不然就是歌剧院，但《歌剧魅影》那一盏，才够看。

所以没买水晶灯，至于摆设，曾经有人送过我一些，真不知放在什么地方才好，累赘得很，认为是种好看的垃圾罢了。

一生人也只有买过一个水晶球，像外国巫婆替你看未来的那个大的。人老，眼花，看不到字时，我就会把水晶球滚在字典上，当成一个放大镜，没有什么比它更好用的了。

水晶酒杯是越薄越好，但家里的菲律宾家政助理粗心大意，有多少个打破多少个，也免了吧。

水晶国际象棋倒是很文雅，但我没耐心下象棋，认为有此闲情，还是多写点稿件。老早之前已听人家说过，捷克的水晶象棋做得极精美，而且能保值。谈到保值，我总是一笑，如果要把心爱的艺术品拿去卖，那就倒了祖宗十八代的霉了。

看来看去，没有一样东西买得下手。一向喜欢收藏的，是当地的烟灰碟，但捷克做得并不优美，最后看到火柴盒，瑞士方糖那么小，非常可爱，五块港币一盒，买了一些，高兴得不得了。

充　实

从窗口望出，下面一片银海，看得清清楚楚，这个都市空气污染并不严重，政府鼓励人民用脚踏车，减少汽车的废气。

天刚亮，飞机降落阿姆斯特丹机场。

行李多的话，可叫巨型的士，贵不了多少。一般的轿车的士，用的都是最新型的奔驰车，像向骄傲的香港奔驰车主掴了一巴掌。

从机场到市中心旅馆，只消十几二十分钟，车租不到一百港币，比赤鱲角到市中心近得多。

下榻的希尔顿是间老酒店，几十年前约翰·列侬和小野洋子在这发起“床上和平运动”，从此名声大噪。

住这间旅馆当然并非披头士迷，它离丁雄泉先生的画室，徒步十分钟。

太早，房间还空不出，又在旅馆的意大利餐厅Roberto吃个自助餐早饭。从昨晚到现在，好像吃个不停，这次的旅行，可能增加数公斤体重。

放下行李，出外散步，早上的空气是那么新鲜，这是离开了亚洲每次都感到的情形，我们住的地方又热又潮湿，一到外地就觉得特别干爽。

好了，等到十点半，致电丁先生，他表示随时欢迎。

走出酒店，经过一座小桥，就看到那棵大树。倒映在河中，变成两棵。

“你看，这棵树的树干有多粗！支撑住至少一百万片叶子。”丁先生说过。

现在十月，温度在十摄氏度到十八摄氏度之间，虽说是秋天，已觉是初冬。大树的叶子剥脱，没上次看到那么茂盛，有点垂垂老矣的姿态，但一到明年春天，又活跃起来，人老树不老。

欣赏树木，多属晚年事，若能从年轻开始，也许二者都活得充实。

生　活

“应该拍布达佩斯的名胜。”工作人员建议，“别老是吃、吃、吃。”

我并不反对，虽然我们拍的是饮食节目，有点风景来点缀，也是好事。不过我自己旅游的话，就最讨厌看名胜。

古迹在明信片上出现，报纸、杂志、电影拍了又拍，已耳濡目染。是喷气式飞机年代了，大家再也不是一群不出门的人，即使活在穷乡僻壤，名胜也会不断地在电视荧光幕中播完又播，不再稀奇。

看旅游节目的观众也许感兴趣，但欣赏吃吃喝喝的人，长城和金字塔都与他们无关，只想知道下一餐吃些什么。最典型的一个例子，是我带了一群老饕到日本，和大家去了乡下一个地方，我指着说：“这是徐福带了三千童男童女登陆的地方。”

大家看了一眼，回头问我：“蔡先生，附近有没有超级市场？”

不过，名胜是可以生活的，一生活就有感受了。什么叫在名胜中生活？不是走马看花，用傻瓜相机拍拍几张算数。

生活是细微观察，知道些历史背景，或些小故事来说给伴侣听。但也不必仔细到某年某日，一长篇的往事。有强烈的求知欲的话，尽可以研究，到大学修史学去。

我们先到古城去，从皇宫的前院俯视下来，有山的那边叫布达，平原的叫佩斯，中间流着多瑙河。河上有一小岛，叫玛格丽特岛。玛格丽特岛充满绿菌和大树，我从来都没见过树干那么粗的法国梧桐，树龄有数百年。

生活，就是要用手摸摸这棵树。生活，就是要铺一块布，坐在草地上面野餐。

野餐完后，我们在连接布达和佩斯的桥上散步，桥上有石狮。据说建筑师塑了狮子后忘记雕它的舌头，因此自杀。把典故融入，就是在名胜中生活，拍了才好看。

平　淡

很多都市，你去过一次后就不会重游。

香港是永不厌倦的，泰国的花样也多，但金边和孟买，就没留下什么深刻印象。

去仰光其实很方便，像到普吉或清迈一样，在曼谷转机，不到一小时。

我们这次只去仰光，除了大金塔之外还可以到第六次佛教结经大会的世界和平塔，乔达基大卧佛和一块六百吨重大理石雕成的大佛庙，传统的玻璃厂、唐人街、海湾码头等。

珠宝博物馆中可以看到各种原石，另有一块约一吨重的玉，放在门口，等待人去开凿。在仰光，有大把地方玩。

下一次来，就可到人迹罕至的海边，沙滩雪白，海水清澈见底，找回污染之前的普吉。

从仰光有国内线，法国制造的喷气式飞机载你到蒲甘，在蒲甘上船，乘一艘叫Road to Mandalay[①]的豪华邮轮沿河而上。这艘船世界许多名人明星都坐过，尤其是法国人，认为是必游的。

船由著名的东方快车公司经营，包三餐美食和上岸观光，船上还有医生长驻。

是的，缅甸可以来后再来。

但是香港人主要目的在购物，我可以说没什么东西买。玉石的话，好的都给香港珠宝机构拍卖去，如果你想找漏网之鱼，不是专家的话还是别碰。

市中心的昂山市场中可以找到各种手工艺品，像用纯银织成的藤篮，功夫细得不得了，价钱也便宜，漆器更是精美。

最重要的是朴实的缅甸人留给你的印象，简直可以用净土（Untouch）来形容这个国家。

旅行需要一些基本的常识，但别人说什么不可全相信，只有到了才知道是怎么一回事。这次发现缅甸，在我人生很重要，学到了怎么在嚣闹的香港过平淡的日子。

---

① Road to Mandalay：译为“曼德勒之路”。——编者注

机上礼貌

乘飞机，应该有机上礼貌。

别人怎样做，我不去管他，但自己总得遵守。

第一，坐在位子上，靠手部分绝对不侵犯到邻椅的范围。要是中间有条很窄的手靠，只占一半，永远避免过界。

第二，进出座位时，绝对不要把前面的椅背拉住。最讨厌人家把我的椅背一拉，有时连头发也给他拉个正着。

第三，绝对不要用膝盖顶前面座位，这是令人反感的行为。椅背原来是那么单薄的，给人顶住，等于顶住中气。

第四，选窗口位坐，出入时跨过邻座，或者等他也去洗手间时跟着出入，尽量不要对不起、对不起地骚扰别人，烦自己。

第五，用完洗手间，一定把洗脸盆擦个干干净净，尊重下一个用者。

第六，除了必须，绝对别用洗手间内的东西，如牙刷、剃须刀、梳子等。这些基本器具，善于旅行的人必然懂得自己携带。

第七，尽量不麻烦空中小姐，“七四七”那么大的飞机，她们已忙得要命了，学会怜惜她们吧。要酒时多来两小樽好了。苏打水或可乐，一要就要整罐，别让她们分开倒在小玻璃杯里，走多几趟。

第八，枕头和被单，入座之前看有没有安排。看不见即自取，别在途中要求。用完之被单，折叠好归还，这不只是礼貌问题，它能显出你爱整齐干净的习惯。

第九，偷机中的餐具，是最无耻的行为。拿回家用，给客人看到飞机公司唛头[①]，也不是很光彩的事。此物没多少钱，自己买好了。

第十，旁边坐一个很讨厌的八婆，和你聊几句，也要客气地回她，然后看她一转头即刻假装睡去，便不会再受干扰。要是她还那么无尽止地七嘴八舌，叫她住口也是礼貌。

---

① 唛头：英文“mark”的音译，意为商标、标志。——编者注

心理负担

旅行，最讨厌的事，莫过于把重要的东西留在旅馆中，要转回头去拿，会走许多冤枉路，浪费时间。

酒店换了一间又一间，又到出发时候，住多了，对收拾行李有点心得。

出门之前先将东西分成两个部分，护照、机票、信用卡和现金永远随身携带，这四个宝贝不能缺一，最后一刻再确定一下。

将一切遗失了也不可惜的东西放进寄舱行李。什么名表、首饰，都是庸俗的人才会带去显示身份的。自信心强的，干干净净，轻轻松松，管他人呢。

除非自己洗濯，要不然内衣裤得带够，一天一套。交给人家洗不是贵不贵的问题，遇星期六、日休息，逼得一套穿两天，脏死人也。若有这种情形，先到便利店买纸的。

进入房间，第一件事便是把隔天要穿的衣服挂起来。好的布料不管多皱，一挂就直；很流行的普通料子，则得带个蒸气旅行小烫斗，喷一喷热风即笔挺。

内衣裤放进抽屉里面，梳洗用品则放入洗手间。用的地方，愈少愈好。

从抽屉中拿出洗衣用之塑料袋，把旧恤衫、内衣裤放在里面。一天一包，体积便不会太大，塞入皮夹缝中，不占地方。

有些人一看到那么大的一间房，像不完全用到很可惜似的，这放放，那放放，这是大忌，收拾起来一定忘东西。

出发时再巡一次。衣柜、抽屉、洗手间三处看一看，没用过的地方省了。

盥洗用品，酒店是预计你拿走的，顺手牵羊没问题，但应该只取需要用者，别连毛巾、烟灰盅也装进行李。别人不会认出你做过什么，你自己知道自己是贪心的。这些东西不但增加行李的重量，也加重你的心理负担。

黑　锅

这次旅行，时间蛮长，带了一切能想到可以用上的东西，当然包括炉具。

本来我有一个三洋旅行电炉，煮公仔面用。因洗濯起来怕留油，买了另一个飞利浦的咖啡器，用来煲水沏茶，一带就带这两个。

刚刚搬家，几百个纸箱还没有打开，虽然都有记录，但还是找不到这两个炉子。出发前，去日本百货公司买些小包的酱油，看见一个德国的旅行煲，就买了下来。

现在每天用这个黑色炉子，它的构造不够精细，下面一个炉，半个柚子那么大；上面是一个锅，圆形的，涂上一层不黐[1]底的黑

① 黐（chī）：粤语词，意为粘。——编者注

色化学物。

在欧洲，所有的水喉[1]水矿物质特别浓，一煲完锅底即刻呈现一层白粉，如果不洗干净，积了一积，便会化成石头，黐在底部，永不剥脱。

每天，我用这个煲时，总是看到一层白色东西，已经洗了又洗，还是顽固地留在那里。

用来烧开水，影响了茶味。之前我煮过面，味精粉和矿物质混在一起，每次沏茶，都像喝汤。一直想再去买一个煲水器，但又没时间到电器店去，懊恼得很。

这个笨重的黑煲，跟着一条粗大的电线，设计上是可以装进锅底的，但是实际用起来，怎么卷也卷不好，最后干脆不卷，当它是一条尾巴，留在皮套的外面。

炉上有个钮，从零至六，可控制电流大小。我性急，校在六度上面，但是好像永远煲不滚水，真想丢掉它。

不过，现在大家出去吃饭，我生厌，一个人躲在房里煲水沏茶煮面。这个黑色的家伙，好像很忠心地陪伴我，为报答它，还是留在身旁，耐心地等待水滚。和老友一样，大家都需要时间培养感情。

---

① 水喉：粤语，意为水龙头。——编者注

赶

酒店忘记下Morning Call叫醒我，疲倦，一觉睡至天明。同事再来电话时，已距离出发十分钟。

这十分钟内能做些什么？

已经不能花时间在思考上面了。

总之，看到什么就往行李中塞。

一、先解决浴室中的东西。剃刀、须刷、洗发水、牙膏、电牙刷、旅行用的军用小刀、剪指甲器等等等等，只有在这种胡乱的情形之下，拿错了酒店供应的棉花棒之类的小东西。一般，我不去动它们，虽说酒店里的你可以拿走。

巡视一下，干干净净了，便从此再也不走出走入这间浴室。

二、轮到卧房，先翻被单，有时会把眼镜留在枕边的。床里面什么都没时，收拾床头柜上的东西：香烟、打火机等。还有几粒维生素，丢掉算了。

柜中的衣服，一把抓，统统塞进箱子。皱不皱？等到下个入住的酒店再去熨，但千万要注意柜底的袜子或内衣裤有没有遗漏。

房内化妆桌一向不去碰它，不必去管它，连看一眼也费事。

三、冲出厅，首要收拾的是书桌上的稿纸和资料，横扫进手提行李，绝对不能一件件放，否则又浪费多一秒。

沙发前后有没有留下杂物？回头去打开书桌的柜子，把酒店的信纸拿回到桌上。我有收起它们的习惯，碍我写稿，临走前总得放回原位。

四、最后是门匙，我已经学会每次进房，就把门匙放在电视上面，一定不会忘记。

袜子可以在电梯中穿。

到大堂，前后一共花了八分钟。

剩下的时间，抽支烟，镇镇神，又是新的一天，新的工作开始了。

心 得

想沏一杯普洱的人，到欧洲旅行，一定要记得把滚水煲放进行李。

不管你住的酒店有多少星，不供应热水壶就不供应，当然可以向服务部要壶热水，但是麻烦透顶，不如自己带。

我用熟的那个由飞利浦制造，叫Travel Duo。所谓的Duo，是指它有两个塑料杯。

这个电器煲的设计相当完善，打开外层的布罩，露出上下两个杯子，柄部是一个套住另一个的，中间的煲柄空着，让电线穿过其中，把插头藏入壶里，一点也不累赘，也不必拔出插入那么复杂。

电压当然有一百一和二百二两种，自动更换。插头是两支圆针的，欧洲多数如此，不同的地方就要改用万能插头了。

力量相当强，一大壶水两三分钟即能够滚沸。糟糕的是，煮出来的水，好像永远有一股塑料味道，也许这只是我的心理作用，今后如果能找到一个更完善的，即换，但它已跟了我数十年，不能舍弃。

有位饮食版的女记者问我：“旅行有什么心得，是否可以公开？”

当然没问题，让我想想……

对了，进房之后，有一二三四的原则。

什么一二三四，那就是东西只可放在四个地方，打开行李之后，洗刷用具放于浴室，衣服装进柜子，书籍置于床头，护照、金钱和信用卡、机票等放在桌上。

收拾起来，一二三四，查了一遍，绝对不漏带。如果有更贵重的东西需要藏进保险箱，那么把书籍也放在桌子上好了，别超过四处。

但是，这只是男士的心得，女人用不通。她们有与生俱来的占有欲，一定要到处散着，霸着地盘，才能放心。对于她们，原则要增加到一二三四五六七八九十，勉强够用。收拾起来忘这个忘那个，千万别尝试纠正，越早驯服，越聪明。

图书在版编目（CIP）数据

去看世界的热闹 / 蔡澜著. — 成都：天地出版社，2023.2
ISBN 978-7-5455-7170-7

Ⅰ. ①去… Ⅱ. ①蔡… Ⅲ. ①散文集－中国－当代 Ⅳ. ①I267

中国版本图书馆CIP数据核字（2022）第114469号

QU KAN SHIJIE DE RENAO
去看世界的热闹

出品人　陈小雨　杨　政
作　　者　蔡　澜
责任编辑　柳　媛　梁永雪
责任校对　杨金原
封面设计　V　霄
责任印制　王学锋

出版发行　天地出版社
（成都市锦江区三色路238号　邮政编码：610023）
（北京市方庄芳群园3区3号　邮政编码：100078）
网　　址　http://www.tiandiph.com
电子邮箱　tianditg@163.com
经　　销　新华文轩出版传媒股份有限公司

印　　刷　北京博海升彩色印刷有限公司
版　　次　2023年2月第1版
印　　次　2024年7月第2次印刷
开　　本　880mm×1230mm 1/32
印　　张　9.5
插　　页　8P
字　　数　183千字
定　　价　58.00元
书　　号　ISBN 978-7-5455-7170-7

咨询电话：（028）86361282（总编室）
购书热线：（010）67693207（营销中心）

如有印装错误，请与本社联系调换

从声音到文字，分享人类智慧

天喜文化